教育部人文社会科学重点研究基地重大项目
"面向高质量发展的中国特色基础教育学体系研究"
（22JJD880019）阶段性成果

当代教育的伦理视野
丛　书

丛书主编：程亮

The Ethics of Educational Policy

教育政策伦理：
案例与分析

刘世清　著

海峡出版发行集团 | 福建教育出版社

图书在版编目（CIP）数据

教育政策伦理：案例与分析/刘世清著. —福州：福建教育出版社，2024.7
（当代教育的伦理视野丛书/程亮主编）
ISBN 978-7-5334-9757-6

Ⅰ.①教… Ⅱ.①刘… Ⅲ.①教育政策—伦理学—研究 Ⅳ.①G510

中国国家版本馆CIP数据核字（2023）第183913号

当代教育的伦理视野丛书
丛书主编　程亮

Jiaoyu Zhengce lunli：Anli Yu Fenxi

教育政策伦理：案例与分析

刘世清　著

出版发行	福建教育出版社
	（福州市梦山路27号　邮编：350025　网址：www.fep.com.cn）
	编辑部电话：0591-83727542　83786971
	发行部电话：0591-83721876　87115073　010-62024258）
出 版 人	江金辉
印　　刷	福州万紫千红印刷有限公司
	（福州市闽侯县南屿镇高岐村安里6号　邮编：350109）
开　　本	710毫米×1000毫米　1/16
印　　张	13.25
字　　数	196千字
插　　页	2
版　　次	2024年7月第1版　2024年7月第1次印刷
书　　号	ISBN 978-7-5334-9757-6
定　　价	39.00元

如发现本书印装质量问题，请向本社出版科（电话：0591-83726019）调换。

目 录

第一章 教育政策伦理：教育变革与伦理诉求 …… 1
- 一、案例描述：公共政策的权威性分配——技术性抑或伦理性难题？ … 1
- 二、教育政策伦理何以必要？ …… 6
- 三、教育政策伦理何以可能？ …… 15
- 四、教育政策伦理：何谓与何为？ …… 19
- 五、教育政策伦理的结构与问题 …… 24

第二章 教育政策的伦理准则：什么是善的？ …… 29
- 一、案例描述：衡水中学没对手，有隐忧 …… 29
- 二、基于结果的目的论 …… 33
- 三、基于形式的义务论 …… 39
- 四、基于多元的正义论 …… 43
- 五、基于相对主义的道德观 …… 50

第三章 教育政策的公平"拷问" …… 52
- 一、案例描述：无根的浮萍 …… 52
- 二、问题聚焦：教育公平及其重要性 …… 54
- 三、理论阐述：教育公平的内涵与原则 …… 56
- 四、案例分析 …… 59
- 五、政策建议 …… 61
- 六、拓展案例 …… 67

第四章 教育政策的"人本"诉求 …… 73
- 一、案例描述：关于代课教师 …… 73

二、问题聚焦：以人为本的教育价值 …………………………… 77
　　三、理论阐述：以人为本的思想内涵 …………………………… 79
　　四、案例分析 …………………………………………………… 85
　　五、政策建议 …………………………………………………… 87
　　六、拓展案例 …………………………………………………… 91

第五章　教育政策的利益"博弈" ………………………………… 98
　　一、案例描述：上海人与外地人激辩异地高考 ………………… 98
　　二、问题聚焦：异地高考中的多元利益诉求 ………………… 102
　　三、理论阐述：异地高考中的利益相关者与其分类 ………… 104
　　四、案例分析 ………………………………………………… 111
　　五、政策建议 ………………………………………………… 120
　　六、拓展案例 ………………………………………………… 123

第六章　教育政策的程序公正 …………………………………… 132
　　一、案例描述："扩招"经历了怎样的决策过程？ …………… 133
　　二、问题聚焦：教育政策程序公正及其重要性 ……………… 137
　　三、理论阐述：教育政策程序公正的基本要求 ……………… 143
　　四、案例分析 ………………………………………………… 153
　　五、政策建议 ………………………………………………… 155
　　六、拓展案例 ………………………………………………… 159

第七章　教育政策主体的权力腐败 ……………………………… 166
　　一、案例描述：一个移动硬盘揭开的招生问题 ……………… 167
　　二、问题聚焦：公共教育权力滥用的危害 …………………… 170
　　三、理论阐述：公共教育权力腐败的伦理分析 ……………… 172
　　四、案例分析 ………………………………………………… 181
　　五、政策建议 ………………………………………………… 185
　　六、拓展案例 ………………………………………………… 199

后　　记 …………………………………………………………… 205

第一章　教育政策伦理：教育变革与伦理诉求

　　教育政策是关于教育机会、资源分配或调整的规则和规定，直接关系到不同受教育群体的利益。一定意义上讲，"如何分配"是教育政策的核心问题之一。教育政策应该如何分配，或者怎样的分配是好的或善的，是教育政策制定过程始终无法回避的一个基本问题。伦理价值是影响教育政策中各主体利益博弈并达至平衡的重要因素之一。在利益日趋多元化的今天，要关注和研究教育政策，就不能不去探讨教育政策背后的伦理价值问题。

一、案例描述：公共政策的权威性分配——技术性抑或伦理性难题？

　　公共政策是国家对社会价值的权威性分配。但是在资源有限的情况下，如何分配呢？是公平还是效率分配，是平均还是随机分配，是依据数量还是能力分配？就此而言，公共政策的权威性分配不仅仅是一个技术性问题，还是一个关涉伦理与价值的难题。任何一项公共政策如果缺乏了对于伦理价值的追问与评判，都难以获得社会大众的理解与支持，也必将影响到政策的效果与效益。

案例一：楼市婚姻悲喜剧何时是尽头①

2013年3月，被称为"国五条"的国务院房地产市场调控措施及各地配套细则出台。新的楼市政策对于平抑房价的效果还有待检验，可一个立竿见影似的连锁反应是，婚姻登记处门外已经排起了长队。公开信息显示，在北京、上海、天津、南京、苏州、广州、昆明等城市，离婚登记人数都一度成倍增长，刷新了纪录。

在天津，此次被发现的最早排队离婚者，是在凌晨两点左右带着被褥来到婚姻登记处的。同期另一处排队的景象出现在房屋交易大厅。一位不愿具名的官员对《中国青年报》记者感慨，这应该是此次政策背景下受影响最厉害的两个部门。据他与别的地区的同行交流，排队离婚是全国普遍现象，越是房价高的大城市，越是明显。小县城原本房价就低，受到的影响小一些。在此次离婚潮中，中老年夫妇显著增多。

眼下，这种情况已经不复存在。记者在天津的基层婚姻登记机构走访发现，进入4月，离婚率已经趋于平稳，回归正常状态。目前该市每个工作日办理离婚的夫妇在100对左右。而在高峰时期，有时一天就突破了300对，超过了结婚登记数。与之对照的是，今年1月，最少的一天只有60多对夫妇离婚。

从结婚窗口临时调到离婚窗口的登记员们终于可以回归原岗位。"有这想法的已经做完了。"一位工作人员说，眼下，他们准备迎接"离婚潮"后可能的"复婚潮"。他们估计，为了买卖房产而办理离婚的夫妇，交易完成后，绝大多数仍将回到婚姻登记处。事实上，这样的夫妇上个月就已出现。

即使是见惯了婚姻悲喜剧的业内人士，也对这波离婚潮的一些插曲感到难忘。在天津市河西区婚姻登记处，一位老太太当场晕了过去。她被家人劝说，为了方便买房，需要她与丈夫办个"假离婚"。在婚姻登记处，几乎办完

---

① 改编自张国：《楼市婚姻悲喜剧何时是尽头》，《中国青年报》，2013年4月10日，第5版。

了所有离婚手续，就在登记员点击制证按钮前一刻，老太太问了一句："不是假的吗？怎么还打证呢？"

婚姻登记员告知："大娘，我们这儿没有假的，都是真的。"老太太追问："那真离婚了，再结婚就算二婚了？"得到肯定答复后，老人吓晕了过去。家人赶紧喂她吃药，测量发现，她的血压高压达到200。丈夫搀着她往家走，以安慰的口气说：咱们不离婚了，不买房了。

与正常状况迥异的是，天津市上个月的离婚人群中，中老年明显增多。这座城市的离婚率一年高过一年，一代高过一代，目前在全年离婚人群中，二三十岁的"80后"人群占了一半以上。但在2013年3月的离婚人群中，"40后""50后""60后""70后"的比例明显提高。

直到2012年，天津的婚姻登记工作者张岚（应受访人要求化名）才听说了还有为了买卖房产而离婚的情况。这次，就有熟识的老太太为了给子女买房，拜托这位业内人士帮忙"偷摸办个离婚"。后来，老太太被丈夫"臭骂一顿"，打消了这个念头。

张岚对记者感慨，他们并不赞成没有底线、以婚姻为赌注的逐利行为。但是，"话也说回来"，我国9元钱就能办完离婚，而房屋有关的税收、贷款，动辄就是几十万元。相对来说，离婚"又快捷、又方便还经济实惠"，还与别人无关。虽然确实存在夫妻一方可能毁约不复婚的风险，但在整个离婚潮中，这"只不过是一个水滴的事儿"。

问题：

1. 表面看来，地产政策与婚姻问题毫不相关。案例中的房地产限购政策为什么会引发离婚热潮呢？

2. 这样的限购政策及细则政策合理吗？是限购政策出了问题，还是执行限购政策的人出了问题呢？

3. 如果您也面临此种情境，离还是不离呢？为什么？

国家颁布的房地产限购调控政策，本意是限购第三套及以上住房，通过住房需求管理，打击与抑制投资或投机性需求，以落实"房住不炒"。但是现实却是，该政策严重地影响到家庭的婚姻情感，影响到了社会的诚实信用与人格尊严，影响到了社会的公序良俗。由此可见，如果一项公共政策缺乏必要的伦理审慎与道德判断，将引发更多的社会争议与问题，也必将影响到该项政策的效果和效益。

在现代社会中，教育政策是国家公共政策的重要组成部分。教育事关千家万户的切身利益，关系到国家的前途命运，而教育自身又是为了人、基于人、发展人的社会实践活动。在此意义上，教育政策更应该强化对于自身的伦理诉求与道德追问，这不仅是教育自身的"人为"与"为人"的性质决定的，也是教育作为国家和社会发展的基础性、全局性和先导性的地位作用决定的。

案例二：川音三教授涉招生腐败，艺考"潜规则"是如何形成的①

2020年6月30日至7月10日，四川音乐学院（川音）声乐系的3位女教授杨婉琴、费莉、邓芳丽，疑因涉及该校声乐专业招生腐败一事，先后被纪检监察部门带走调查。此前四川音乐学院党委宣传部一名工作人员表示，校方目前正在向相关部门核实情况，学校有相应的处置流程，可以关注学校的官方声明。

根据举报者提供的材料，涉事教授招生腐败行为，可谓触目惊心：过去数年，四川省外考生进入川音，每人收18万元才会保证被录取，而邓芳丽调至声乐系后，每名外省考生录取价格上涨到25万；她还将收受学生家长的钱财比喻成一年一季的"割麦子"；20年来，招生敛财行为已经由个体户单干演变为"统一标准，统一管理，统一打分，统一分配"，考生费（即贿赂款）由团伙中3位教师分别保管……

这其中每一项指控，都足以让涉事教授斯文扫地，而它们还指向了性质

---

① 改编自：《川音三教授涉招生腐败，艺考"潜规则"是如何形成的》，https://www.bjnews.com.cn/detail/159724087215623.html。

更为严重的招生腐败与受贿等违法违纪行为。这些指控是否属实，还涉及哪些人，都需要彻查。唯有彻查，才能回应公众对艺考公平的关切，也才能给那些被"运作"下去的人生一个交代。

值得注意的是，以川音三名女教授被查为引线，关于该校招生腐败的一些往事也被媒体挖了出来。其中川音原书记柴永柏利用职务便利在该校大肆敛财，以及长期与三名女性保持不正当性关系，在舆论场引发关注。在法院公布的判决书中，对柴永柏的指控，同样涉及招生腐败。媒体还曝出，在柴永柏任职期间，川音一直收取针对省外未达线学生的赞助费，而这被认为是此次三名女教授收取的"录取费"的前身。

事实上，2016年，同样是在四川音乐学院的声乐专业招生中，还有一名女教授因收受考生家长贿赂，而受到司法处置。

短短几年之内，川音就涉及三起招生腐败案件，这并非偶然。这所学校到底因何而频频出现招生腐败？前事之鉴为何没能成为后事之师？刚性约束机制去了哪里？这些未竟之问，在这起新案面前，该有一个明确说法了。

事实表明，艺术招生领域向来是腐败高发地。近年来，不少地方都有艺考腐败案件曝光，这跟其特别的选拔方式有关。比如艺考选拔主观性强，考官的主观审美、个性判断会很大程度上影响考生成绩，而在缺少制度约束下，主观因素就可能成为被攻破的薄弱堡垒。

再有，在多起案件中，艺考的主要负责人都兼具"教练员"和"裁判员"的双重身份。在艺术专业中，老师与学生的关系非常密切，考官往往也可能是教学中的指导老师。这更为选拔增添了不确定因素。

每一起招生腐败案件自有其特殊的地方，不能一概而论，但因为艺考本身有固定规律，所以这些艺考腐败案件也有其共性。对这些共性问题，需要从制度上补漏，譬如建立专业、独立的第三方测评机制和科学、合理的评价制度；譬如通过全场录像、电脑全程监控、考试追溯等技术手段促进招考透明化。合理的制度设计，是避免艺考腐败的重要一环。

问题：

1. 艺术是纯洁的，学校是育人向善的。为何艺术招生变成了腐败的高发地呢？

2. 是艺术招生考试政策出了问题，还是执行艺术招生考试政策的人出了问题呢？

长期以来，学校是立德树人、求知向善的乐土，一直被人们认为是当今社会的最后一块净土。因为学校教书育人的特殊性，使得学校教育中发生任何事情，都会引发家长与全社会的敏感关注。本来应该是凭着自身的真才实学，才能公正地叩开高校的大门，现在却出现了钱、权与招生交易，不仅使考试招生制度的公平正义受到了侵害，同时也使得学校的教育净土受到巨大冲击。

上述两个案例表明，公共政策尤其是教育政策作为权威性的价值分配，不仅仅是技术性的操作问题，更涉及伦理性的道德追问。一项政策如果缺失了伦理价值的必要关照与把握，将可能使人变坏。

二、教育政策伦理何以必要？

提出教育政策伦理问题，或者从伦理价值的视域去追问教育政策的道德性，真的有必要吗？答案是，无论从现实还是理论来看，均有其必要性。

（一）现实需要：经济转型与利益多元

1. 经济转型与教育需求旺盛

党的十一届三中全会掀开了我国改革开放的帷幕，其中最重要也是影响最深远的变革就是从社会主义计划经济体制向市场经济体制的转变。在计划经济体制下，国家统一调配生产与生活资料，个人合理的利益需求被湮没在国家利益与集体利益之下。与之相应，人们的生产积极性与主动性也就被严重地抑制。以市场经济体制为导向的改革开放，宣告了一个旧时代的结束，也迎来了一个"理直气壮"地追求利益的新时代的开始。尊重个体的合理利益需求是市场经济的出发点。在市场经济中，个人利益的获取是与通过合法手段创造的社会财富紧密联系在一起的，即按劳分配，多劳多得。正是这种对个体利益需求和合法利益获得方式的尊重，刺激着人们不再"谈利色变"或"言义不言利"，而是"放开手脚"地追逐个人的合法利益。

在社会主义市场经济体制下，人民群众勤奋劳动，物质生活水平不断提高，从"饥饿"到"温饱"再到"小康"。社会经济统计中有一个系数，称为恩格尔系数（Engel's Coefficient），是指居民的食品支出总额占个人消费支出总额的比重。一般说来，在家庭经济生活较为贫困时，家庭支出中用来购买食物的支出比重就大，而随着家庭经济生活的不断提高，用于食物的支出比重则下降。如表1-1所示，改革开放以来，我国居民恩格尔系数下降显著，从1980年的59.9%下降到了2020年的30.2%。

表1-1　1980—2020年间我国居民恩格尔系数的变化（单位：%）

时　　间	1980	1990	2000	2005	2010	2015	2020
居民恩格尔系数（%）	59.9	56.8	42.2	37.3	33.4	30.6	30.2
城镇居民恩格尔系数（%）	56.9	54.2	38.6	34.5	31.9	29.7	29.2
农村居民恩格尔系数（%）	61.8	58.8	48.3	43.3	37.9	33.0	32.7

（数据来源：国家统计局［EB/OL］. https：//data.stats.gov.cn/easyquery.htm? cn＝C01.）

伴随着物质生活水平的不断提高，人民群众的精神生活水平也在不断升级，典型表现在用人力资本投资的文化教育与娱乐服务方面的支出比重不断上升。如表1-2所示，2000—2020年间，无论城镇还是农村居民在人均教育文化娱乐支出方面均翻了几番。伴随着社会就业竞争的日益加剧，家长的受教育程度不断提高，家长们认识到如果没有更好的教育背景支撑，没有更多的知识与技能，他们的子女就很难在劳动就业市场上取得竞争的优势地位。人民群众对于教育的需求，尤其是优质教育、特色教育的需求空前增长，家长愿意为子女的教育提供更多投入，近年来，不断掀起的留学热潮就是一个重要例证。调查表明，当前我国居民的教育支出已成为仅次于食物和居住的第三大日常支出，而且收入越高的家庭，越愿意在子女的教育方面投入更多。

表 1-2 2000—2020 年间我国居民教育文化娱乐支出情况

(单位：元)

时　间	2000	2005	2010	2015	2020
居民人均教育文化娱乐支出	366	657	1000	1723	2032
城镇居民人均教育文化娱乐支出	651	1033	1467	2383	2592
农村居民人均教育文化娱乐支出	204	374	534	969	1309

(数据来源：国家统计局 [EB/OL]. https://data.stats.gov.cn/easyquery.htm?cn=C01.)

在当前及今后一段较长时期内，人们对于高质量、有特色、多样化的教育需求将不断攀升，而人民群众日益高涨的教育需求与政府供给教育资源能力有限之间的矛盾也将会更加突出。在此背景下，教育政策作为政府部门制订的分配教育资源的计划方案，其所面临的要求也将越来越高、越来越复杂。这种要求不仅仅体现在表层的数量性与技术性要求的方案中，同时更体现在深层的支撑教育资源分配的伦理价值取向方面，迫切需要从深层次对蕴含于教育政策中的伦理价值取向进行伦理论证与道德追问，以获得更多人的支持。

2. 阶层分化与利益多元

改革是一场利益的重组与再分配，促进了社会利益及资源在不同社会成员之间的分配与积聚，引发了社会结构两方面的重大变化：一是促进了原来的社会阶层分化，二是促成了许多异质性的新阶层。概言之，改革开放与市场经济改革既释放了社会主体的经济活力，同时也引发了社会结构与阶层的不断分化重组，社会利益主体日益多元化。

改革开放以来，伴随着经济体制与结构的变化，原来以政治身份、户口身份和行政身份为依据的分化机制，逐步被以职业为基础的新的社会阶层分化机制替代，原来的"两个阶级，一个阶层"（工人阶级、农民阶级和知识分子阶层）的社会结构不断分化了，产生了诸如私营企业主阶层、经理阶层和农民工群体等一些新的社会阶层。

为了正确认识我国社会阶层的结构性变化以及各阶层的特点，上个世纪末中国社科院社会学研究所成立了"当代中国社会阶层结构课题组",2001年6月课题组按照概率抽样方法,对全国十个县市、两个大型工矿企业、一所大学进行了长期深入的调查,获取了大量的调查数据与资料。课题组以职业分类为基础,以组织资源、经济资源和文化资源占有状况为根据来划分社会阶层,将当代中国社会划分为十大阶层,如表1-3所示。随着我国现代化与城市化进程的推进,社会阶层还处在不断变化之中。可以这样说,经过多年的改革开放,中国社会正从同质的单一性社会向异质的多样性社会转变,在这一变革过程中,社会阶层结构日益分化,社会利益主体日益多元。

表1-3　当代中国十大社会阶层状况①

序号	阶层名称	定义	特征	占比
1	国家与社会管理者阶层	党政、事业和社会团体机关单位中行使实际行政职权的领导干部	拥有组织资源优势,社会经济综合地位比较高	约占2.1%(按1999年数据统计,下同)
2	经理人员阶层	四部分人:国有大中型企业的中高层管理人员;城乡集体所有制大中型企业的中高层管理人员;三资企业的中高层管理人员;大中型私营企业的中高层管理人员	拥有文化资源和经济资源优势	约占1.5%
3	私营企业主阶层	拥有私人资本和固定资产,并雇佣职工进行经营以获取利润的人员	拥有经济资源优势	约占0.6%

---

① 陆学艺:《当代中国社会阶层的分化与流动》,《江苏社会科学》,2003年第4期,第1—9页。

续表

序号	阶层名称	定义	特征	占比
4	专业技术人员	在国家机关、事业单位和各种经济成分的企业中从事专业性工作和科学技术、人文社会科学工作的人员	经过中高等专业知识和专门职业技术的培训，具有适应现代化经济社会事业发展的专业知识和专门技术，拥有文化资源的优势	约占5.1%
5	办事人员阶层	协助党政机关企事业单位的领导处理日常行政事务的专职办公人员	主要是党政机关中的中低层公务员，各种所有制企事业单位中的基层管理人员和非专业性办事人员，拥有少量文化资源或组织资源	约占4.8%
6	个体工商户阶层	拥有少量私人资本，从事小规模生产、流通、服务业等经营活动，并以此为生的人	自己参加劳动和经营，有些还有专业的技术和手艺，带些徒弟，雇请少量帮工（不超过7人），常被称为小业主、小雇主、个体工商户，拥有少量经济资源	约占4.2%
7	商业服务人员阶层	在商业、服务行业中从事非专业性的体力和非体力劳动的工作人员	主要在一些传统商业、餐饮等服务业，绝大多数员工的社会经济地位与产业工人较为类似；在一些大或特大城市，在一些新兴的服务业、旅游、通讯、传播、客货运、娱乐、房地产、期货、证券、社区服务的工作人员。拥有很少量的三种资源	约占12%，其中1/3是农民工

续表

序号	阶层名称	定义	特征	占比
8	产业工人阶层	第二产业（工业、建筑业）中从事直接和辅助性生产的体力、半体力劳动的人员	有大量的农民工涌进产业工人阶层，成为产业工人阶层的重要组成部分。拥有很少量的三种资源	约占22.6%，其中30%左右是农民工
9	农业劳动者阶层	指承包集体所有的耕地，主要从事农（林、牧、渔）业生产经营，并以其为唯一或主要收入来源的劳动者，也就是常说的农民	拥有很少量的三种资源	约占44%
10	城乡无业、失业、半失业阶层	无固定职业的劳动年龄的人群	工人和商业服务人员处于失业、半失业状态；城市化大量征用农地，使大批农民无地可种，而他们在城镇又找不到合适的职业；另外，还有很多城乡居民因残障或长期卧病而不能就业，多数陷入贫困的泥潭。基本没有三种资源	约占3.1%

但是在社会利益不平衡与资源有限的情况下，当一部分社会主体的利益得到满足时，便注定有另一部分社会主体的利益受到限制。而政策作为政府部门权威性的利益分配方案，直接影响着社会不同群体之间的利益分配与重组。因此，为了维护自身利益，甚至为了获得更多的利益资源，利益主体就会通过各种途径与方式，去积极影响甚至主动参与到国家公共政策的制定与

执行过程。同时，我国政治民主化、法治化进程的加快，以及党和政府在保障公民权利方面的改革与发展，也为普通公民的政策参与提供了宏观的政治条件和制度背景。在此背景下，无论是公民个体还是社会团体的政治参与日益活跃，有效参与逐步提升。当前，各种行业协会、社会团体、基金会等民间组织已遍布我国城乡，涉及社会生活各个领域。统计表明，截至2020年底，全国共有社会组织89.4万个，其中，社会团体374771个，基金会8423个，民办非企业单位510959个。① 特别是一些经济发达地区的企业家协会、行业协会和个体劳动者协会，他们在政策参与方面已经积累了大量的经验，在影响当地政府决策方面已具有相当的能量。

教育事关千家万户的切身利益，每一个家长都想让自己的孩子获得优质的教育资源，以不输在起跑线上。因而，不同社会群体或个体都希望争取更多的教育利益，这突出表现为，当前几乎每一项重大教育政策的出台与实施都会激起不同的回应声音。这种回应声音的不统一，一方面表明了社会大众对教育机会与资源需求的异质性；另一方面更表明了人们试图通过各种途径与方式表达意见，以争取更多的利益。再加上，多年来我国经济社会发展与历史的原因，我国教育在城乡与地区之间还存在着较大的差距问题。因此，在社会转型发展、社会阶层与利益结构日趋多元化的当下，教育作为首要的民生工程备受关注，民众对教育政策的回应日益增强，这就使得政府部门在制订与实施教育政策时，更加迫切需要从多方面对教育政策中的伦理价值取向进行审视与选择，以使教育政策获得最大多数人的支持与拥护。

（二）理论需要：从价值中立到价值关涉

从政策科学的产生与发展历程来看，政策科学与伦理学科的联姻或者结合是渐行渐近的。被誉为"现代政策科学创立者"的哈罗德·拉斯韦尔（Harold D. Lasswell）曾指出，公共政策的核心问题是社会问题和社会结构，

---

① 《2020年民政事业发展统计公报》，https：//images3.mca.gov.cn/www2017/file/202109/1631265147970.pdf。

因而，政策科学应该关心"社会中人的基本问题"。① 对此，拉斯韦尔曾指出，政策科学区别于先前或其他学科的特点在于其多学科性、解决问题的导向性和明确的规范性。在拉氏看来，"明确的规范性"，就是指政策科学不应披上"科学客观性"的外衣，在对政府行为的研究中，应该将目标与手段或价值与技术结合起来。但是，在政策科学诞生之初，规范性的问题却没有受到重视。这是因为自然科学的经验方法被成功引进到了政策领域，它在赋予公共政策以科学形态的同时，也使大部分的政策学者坚信政策科学的哲学基础是理性实证主义，主张在政策研究中要将事实与价值、实然与应然、手段与目的、客体与主体相分离，以确保其科学性和技术性。

特别是20世纪五六十年代，随着运筹学、系统分析、经济学等实证科学的研究方法被引入到政策科学的研究与分析活动之后，这种"价值无涉"或"价值中立"的倾向愈加明显。在"价值中立"和"技术性"的倡导者——行为主义者和实证主义者看来，政策科学研究价值准则是肤浅的、多余的，甚至是不合时宜的。② 正如斯托基（Stokey）和扎克豪斯（Richard Zeckhauser）在《政策分析入门》一书中所主张的那样，政策分析应该"把重点放在预测的差异上，而不是放在价值的差异上"。③

然而，这种"价值中立"或轻视甚至排斥价值规范，追求科学性的主张并没有将政策科学的发展真正引入到康庄大道。20世纪70年代以来，西方社会出现了种族歧视、吸毒贩毒等一系列社会问题，战后经济快速增长的"黄金年代"似乎也走到了尽头。尤其是20世纪70年代美国"水门事件"的发

---

① Daniel Lerner & Harold D. Lasswell. *The Policy Sciences: Recent Development in Scope and Method*. Stanford, CA: Standford University Press, 1951. p.25—30.

② 这里需指出的是，20世纪六七十年代，运筹学、系统分析、线性规划、经济学等定量方法及技术被广泛应用于具体政策问题与政策过程的分析，这就形成了一种不同于拉斯韦尔传统的政策科学的新趋势——政策分析。在其中，经济学所提倡的效用最大化和理性选择理论被认为有助于提高决策的理性程度，经济学所提倡的最优化的政策制定和理性选择方法尤其为政策研究者所青睐。

③ 转引自陈振明编著：《公共政策分析》，北京：中国人民大学出版社，2002年版，第505页。

生,更直接点燃了社会公众对政府信任危机的导火索。在此背景下,政策研究者开始反思政策科学已有的研究范式,并"试图把完全由伦理学和哲学垄断的价值观问题引入科学研究之中,即试图通过探讨价值的涵义、价值的协调、价值的代价和信奉价值的行为基础,进一步帮助决策者进行价值观的选择"。尤其是 20 世纪 80 年代中后期以来,政策价值观或公共政策的伦理取向问题更成为政策科学研究中的新热点、新趋势之一。[1]

政策科学与伦理价值问题的这种变化关系同样也表现在教育政策研究领域中。过去大多数的教育政策研究倾向于"描述政治决策的结构、要素和进程,而政策所包含的价值内容却没有得到很好的分析,关于价值对于政治过程和结果影响的直接考察只是最近的事情"。[2] 受政策科学工具理性主义的影响,研究者在教育政策研究中也在追求"科学主义"与"技术主义"。典型的表现,即研究者将经济学领域中对"效率"问题的研究范式应用于教育领域,以理性方法寻求如何以最低投入获得最大收益,"教育政策如何设计最有效率"成为当时的核心问题之一。而对于"这样的教育政策方案将带来什么样后果?"或者说"这样的教育政策方案代表谁的教育利益,是否能得到社会大众的认同与接受?"等深层次的伦理与价值取向却不闻不问,甚至成为推卸责任的专业借口。

教育政策事关千家万户的切身利益。在教育政策研究中试图通过对投入与产出效率的理性考量越来越多地受到了"教育平等""谁之教育公正""何种教育公正"等伦理价值判断的质疑与讨论。尤其是 20 世纪 70 年代以后,经过对实证主义方法论的反思,人文社会科学研究重新强调"价值涉入"已成为趋势。与这个趋势相适应,教育政策研究中也开始关注"哪些教育问题应该优先解决""有限的教育资源应该如何分配""教育多样性与教育选择"等伦理价值判断与选择问题。

---

[1] 陈振明:《政策科学的"研究纲领"》,《中国社会科学》,1997 年第 4 期,第 49—61 页。

[2] Jay D. Scribner & Donald H. Layton. *The Study of Educational Politics*. London: The Falmer Press,1995,p. 5—19.

我国的教育政策研究是从20世纪80年代末90年代初发展起来的，并逐渐成为教育科研中新的生长点。随着改革开放和我国社会主义市场经济体制的逐步建立，计划经济时代背景下的利益机制与社会结构发生了根本性的变革。经济体制变革的同时也带来了社会其他子系统，尤其是教育系统的相应变革。众所周知，任何一次社会变革运动的背后都需要特定的伦理价值观念予以支撑，对于教育改革而言亦同样如此。因此，避免走入西方政策科学发展的歧途，关注政策科学尤其是教育政策研究中的伦理价值问题有着重要的理论意义。在当前社会转型时期，教育政策中所涉及的价值与伦理选择问题、利益与资源的分配问题将会越来越多。如何分配，何种分配是合理的、公正的，诸如此类现实问题都强烈地要求教育政策科学从伦理学的角度予以回应与答复。

三、教育政策伦理何以可能？

"教育政策伦理"是一个较新的研究领域，它涉及了教育政策与伦理学两个学科。因此，追问教育政策与伦理学之间的逻辑关联与中介基础，是深入理解与思考教育政策伦理问题的理论前提。

利益反映着主体的需要与追求。在社会生活中，主体之间的利益追寻常常会产生冲突。英国哲学家休谟（David Hume）认为，人的自私、有限慷慨与利益资源的稀缺是导致不同社会个体、群体之间发生利益冲突的主要原因。因此，在社会生活中需要一定的伦理规范维持与调节人们之间的交往，协调主体之间的利益冲突，达致社会生活的秩序化。如何协调人与人之间的社会关系，如何使社会生活达致"正义"或"善"，一直是伦理学家们普遍关注的主题。对于教育政策而言，它同样是社会各主体之间教育利益诉求与利益冲突妥协的结果。由此可见，教育政策活动和伦理实践都与主体之间的利益有着密切关系，利益关系是教育政策与伦理的天然纽带和联结基础。

(一) 利益关系与教育政策

"夫凡人之情，见利莫能勿就，见害莫能勿避。"[①] 这说明，趋利避害是人之共性，而趋避的对象都与主体自身的利益密切相关。一定的利益源于一定的需要，没有需求就根本不存在利益问题。故就其本质而言，利益是人们通过一定社会关系所表现出来并努力实现的需要。利益总是依据特定主体而存在的，从主体角度看，利益关系就是不同利益主体在权利、义务、责任等方面的相互影响而产生的有联系的状态。不同利益主体之间之所以发生利益关系，从根本上说是源于利益自身的对立统一，这是因为利益一经产生就是一个矛盾统一体。"一方面任何利益都有着自我实现的本质要求；另一方面任何利益又只有在社会中，通过一定的社会途径才能得以实现。利益这种实现要求的自我性和实现途径的社会性，是利益的基本矛盾。"[②] 利益的这一基本矛盾不仅决定和影响着利益主体之间其他矛盾的产生和发展，而且正是在它的作用下，社会主体之间利益关系的形成与发展成为必要和可能。

一定程度上，人类社会发展的历史进程可以说是人们之间利益关系不断分化与重组的过程。随着利益关系的不断分化与重组，人们结成各种各样的群体组织，不同社会群体为了维护本群体的共同利益，实现自身的特定利益，就会通过各种社会方式与途径进行斗争。占统治地位的阶级通过建立一整套国家强制力机构来维持整个国家与社会的正常运转。在此条件下，政策作为统治阶级维护与实现自身利益的行动方针与方案，从其产生之日起就与对社会利益资源的配置与安排联系在一起。

在社会生活中，教育政策如同政府制订的其他公共政策一样，也是社会生活中各群体之间进行教育利益斗争与博弈的现实表达。从教育政策的制定过程来看，政策问题的界定与政策方案的选择就是社会各利益群体之间相互博弈与协调的过程；而从教育政策的实施过程来看，总是一部分人的利益得到满足，而另一部分人的利益受到影响与限制，教育政策的实施与特定社会

---

① 《管子·禁藏》。
② 王浦劬主编：《政治学基础》，北京：北京大学出版社，1995年版，第49页。

利益关系的重新调整密切相关。

因此，从利益关系的角度看，教育政策实质上就是以政府为代表的公共权力对社会各群体之间的教育利益进行协调与平衡，以及由此而形成的结果。如果说政府部门协调与处理不同群体间的利益关系只是客观地描述了教育政策"是什么样"的一种特殊活动，那么如何处理不同利益群体之间的利益关系则意味着政策主体对教育政策"应该怎么样"的回答，而这就与决策主体的伦理价值取向密切相关。

(二) 利益关系与伦理道德①

伦理道德是指调整人们之间、个人与社会之间关系的行为规范和准则。社会伦理规范也与人们的利益关系密不可分，社会中的道德及其原则和规范，总是从一定的利益关系中引申出来的，并反映着一定的利益要求。正如马克思、恩格斯所言，"正确理解的利益是整个道德的基础"②；"人们自觉地或不自觉地，归根到底总是从他们阶级地位所依据的实际关系中——从他们进行生产和交换的经济关系中，获得自己的伦理观念"③。

伦理关系渗透于人类社会生活的方方面面。一定程度上，人类社会的所有规则体系都是直接或间接地建立在伦理关系和道德规范的基础上。如："当我们发现法律和政治结构的道德缺陷和道德上的不完善时，我们就修改、订正或推翻法律和政治结构；在重新制定某些法律之前，我们常指责旧的法律是'不公正的'、'道德上贫乏的'。"④ 人类社会在组织自己的社会生活、确立社会制度、构建政治体系的时候都要充分考虑伦理价值与道德规范基础。这

---

① 从词源的角度来说，道德与伦理二者没有原则的区别。但是，随着生产力的发展，人们的日常生活世界逐步分化为私人领域与公共领域，随之道德与伦理的内涵也产生了相应的分离。道德更多指向私人领域，主要指个体的德性或品性，即个人道德。而伦理更多指向公共领域。道德与伦理的这种差别也表现在前者更强调主观、内在与个人，而后者则更强调客观、外在与社会。在本研究中，我们认为，道德与伦理在本质上是一致的，故将道德与伦理作为相同概念来使用。
② 《马克思恩格斯全集》(第2卷)，北京：人民出版社，1972年版，第166—167页。
③ 《马克思恩格斯选集》(第3卷)，北京：人民出版社，1972年版，第133页。
④ [美] 汤姆·彼彻姆著，雷克勤等译：《哲学的伦理学》，北京：中国社会科学出版社，1992年版，第18页。

是因为，统治阶级在构建自己的政治统治时，不仅要解决自身政治统治的"有效性"问题，更要解决自身政治统治的"合法性"问题，即如何使其统治为被统治者认可和接受。而这种认可、接受与被统治者自身的利益密切相关。"每一个企图代替旧统治阶级地位的新阶级，为了达到自己的目的就不得不把自己的利益说成是社会全体成员的共同利益。"① 因此，可以说，自从人类社会产生政治统治这一活动起，对于政治统治的"正当性"或"合道德性"的辩护也就随之开始了。而这种统治性的"正当性"辩护从一开始起，也就与统治阶级和被统治阶级的利益关系密切联系在一起了。

由上可见，任何社会的伦理道德都是一定社会经济关系的产物，伦理道德和利益（主要是指经济利益）的关系问题也就成为伦理学的基本问题。它包括两方面的内容：一是经济利益和道德的关系问题，即是经济利益决定道德还是道德决定经济利益，以及道德对经济有无反作用的问题；二是个人利益与社会整体利益的关系问题，即是个人利益服从整体利益，还是社会整体利益服从个人利益的问题。② 如何回答前一个问题，决定着如何解释道德的起源、道德的本质、道德的作用和发展规律等问题；而对于后一问题的回答，则决定着各种道德体系的原则和规范，也决定着各种道德活动的标准、方向与方法。

20世纪下半叶以来，随着工业化与现代化进程的加快，科技理性和制度主义狂飙突进所带来的技术化和非人性化的弊端，导致了诸如贫困差距拉大、心理崩溃、社会疏离、价值冲突等大量的社会问题。在此背景下，伦理学逐步走出"深闺"直接对话于上述社会问题，各种应用伦理学研究蓬勃兴起，并将其研究的视角聚焦于社会组织、体制、制度、法律等广泛的公共生活领域，随之法律伦理、商业伦理、犯罪伦理、行政伦理、管理伦理等逐渐成为学术研究的新范畴。在此背景下，公共政策尤其是教育政策作为社会公共生活的重要组成部分，也自然成为应用伦理学研究的关照重点之一。

---

① 《马克思恩格斯选集》（第1卷），北京：人民出版社，1972年版，第53页。
② 朱贻庭主编：《伦理学大辞典》，上海：上海辞书出版社，2002年版，第13页。

四、教育政策伦理：何谓与何为？

教育政策是关于教育机会、教育资源分配或调整的规定和规则，直接关系到不同受教育群体的利益。关注教育政策规则背后的价值取向与伦理诉求，协调多方面民众的教育利益诉求，才能不断增强政策自身的"合法性"，获得更多民众的认同与支持。

（一）何谓教育政策伦理

教育政策伦理是指国家政府部门为实现特定教育目标，在调节与分配有限教育利益资源的过程中所遵循的伦理价值原则。正确理解教育政策伦理的内涵，必须注意以下几个方面。

第一，教育政策伦理是指"教育政策中的伦理"，强调的是教育政策自身所蕴含的道德性。教育政策总是针对特定的问题，一项教育政策能否解决问题，这直接关系着教育政策的"有效性"。然而，有效的政策并不一定是"正当的"或"合道德的"。如果一项教育政策缺乏相应的正当性或道德性，得不到社会大众的认同与接受，也必然会影响到该项政策实施的有效性。罗尔斯（John Rawls）在《正义论》中开门见山："正义是社会制度的首要价值……某些法律和制度，不管他们如何有效率和有条理，只要它们不正义，就必须加以改造或废除。"[①] 教育作为培养人的一种特殊社会活动，任何具体教育活动的安排都不能表现为阻碍、压抑与摧残青少年学生的身心发展。因此，对于教育政策自身所蕴含的道德性而言，其不仅要在宏观层面上接受公众的伦理价值评判，使其符合公共伦理精神；同时，在具体教育政策执行过程中，其还应体现出最基本的"人本"伦理精神。

第二，教育政策伦理是贯穿于整个教育政策活动过程之中的伦理规范与道德原则的系统总和。教育政策活动是一个系统，它涉及诸多方面，由不同

---

① [美]罗尔斯著，何怀宏等译：《正义论》，北京：中国社会科学出版社，1988年版，第1页。

的要素构成。它既涉及教育政策制定程序、立法等制度方面的安排，也涉及政策问题择定、方案规划、政策执行、政策评估等具体的政策活动。教育政策伦理即是贯穿于其中的一系列伦理精神与道德规则的系统总和。如在制定教育政策的程序与制度安排上，要遵循公开、透明、接受公众监督等伦理原则；而在具体的政策目标、方案的遴选上又要体现出公平、公正的公共伦理精神。

第三，教育政策伦理实质上即是不同社会群体之间教育利益的冲突与协调。社会成员的差异性决定了其教育利益需求的多样性。在教育资源有限的情况下，不同的利益主体之间可能会存在着复杂的教育利益冲突。如果对这种冲突不加限制，就有可能形成加勒特·哈丁（Garrett Hardin）所描述的"公地悲剧"，从而对整个国家的教育活动秩序造成损害。不同社会成员之间的教育利益冲突构成了教育政策伦理问题存在的前提，而如何协调与平衡不同社会群体成员之间的教育利益需求与利益矛盾则成了教育政策伦理的核心问题。正如有学者所指出的那样，在处理社会公共教育问题时，"最根本的问题并不是在政府本身，而在于一定社会经济条件下的各种利益集团的利益冲突以及他们之间力量平衡的状态；而政策，不过是这种利益平衡（或协调）的一个产物"。[①]

第四，合伦理的教育政策既应有利于满足个体的教育利益需求，也应有利于实现国家与社会整体教育利益的需求。教育最本质的功能在于"育人"，其通过提供符合受教育者身心发展需要的知识技能，促进受教育者健康、自由与全面发展。但是受教育者并不是一个抽象意义上的"独立"个体，他或她总是处于一定的社会关系中。尤其是随着制度化教育的设立与普及，国家对于教育的控制与安排愈益强烈，"国家化"或"制度化"教育的社会职能或工具职能也不断增强。教育的个体职能与社会职能应是统一的，强调一方面而忽视另一方面，都是不道德的或不合理的。因此，合伦理的教育活动既要满足个体的需要，遵循人的发展规律，促进个体的自由全面发展；同时，也

[①] 宋林飞著：《西方社会学理论》，南京：南京大学出版社，1997年版，第335页。

要遵循教育与社会其他子系统之间的和谐与平衡，培养出符合社会所需要的人才。对于教育政策而言亦如此。教育与个人和社会其他子系统之间的关系，反映在教育政策的伦理价值取向上则表现为，合伦理的教育政策既要考虑与满足不同社会群体成员的教育利益需要，同时也要保障与实现国家与社会的发展需要。换言之，合伦理的教育政策是教育的目的价值与工具价值的统一。

（二）教育政策伦理之特征

教育政策作为政府部门解决教育问题的重要手段，其必须具备相应的伦理精神和道德关怀，这不仅是作为政府行为合道德性的需要，更是教育活动本身的内在要求。纳入到伦理与道德视野中的教育政策伦理具有如下特征。

1. 历史性

不同历史时期的教育政策具有不同的伦理价值取向。这是因为，在不同的历史时期，社会发展状况、经济基础、社会统治方式以及人们对教育的需要不同，客观地反映在政府部门制定的教育政策上也就会相应表现出特定时期的伦理价值烙印。如，在原始社会，虽然生产力水平极其低下，但是在同一部落群体内，所有部落成员都享有平等的教育机会。而到了奴隶与封建等级社会，教育政策则又表现出鲜明的等级伦理色彩，能够享受到教育特权的往往是那些贵族、僧侣特权阶级，广大劳动人民子女的教育机会则少之又少。我国魏晋南北朝时期实行"九品中正制"，取士标准是只重家世而轻德才，明显表现出严重的等级色彩。

2. 利益倾向性

任何一项教育政策都牵涉着不同社会群体的教育利益关系。从决策主体来看，政府部门往往代表着特定阶级的利益，因而，在其制定教育政策时会相应地体现出统治阶级的利益倾向以维持其统治。从决策过程来看，政府的决策行为不是在"真空"中进行的，不同群体为了实现自身的利益目标而形成不同压力团体，通过各种渠道影响政策主体去接受其利益诉求。因此，政府制订政策的过程也就是各种利益集团施加政策影响、谋求集团利益的竞争过程。在这种情况下，强势集团或群体的教育利益往往会得到优先考虑，并借助于"公共利益"或"国家利益"的名义和形式在政策方案中优先体现出来。如，近现代西方资本主义社会的"双轨制"学校系统，就十分鲜明地体现了这种利益倾向性。

3. 主观性

一般而言，教育政策的决策活动由三个基本要素组成：决策主体、方案集和行为选择偏好。行为选择偏好是决策主体对决策结果的价值判断。而公共政策就是"政府选择要做的或者不要做的事情"，政策主体总是在权衡利弊的基础上尽量选择较为满意的政策方案。如何从方案集中确定最终方案，直接受到决策主体对决策结果的主观价值判断。因此，教育政策的伦理取向就会相应地表现出决策主体的主观选择性特征。教育政策伦理的主观性表明，特定时期的教育政策目标往往具有理想性的色彩。

（三）教育政策伦理的价值何为

教育政策伦理作为教育政策研究的基本问题之一，随着教育政策研究由"价值中立"向"关涉价值"的转向，无论是从教育政策的实践发展需要来说，还是从教育政策学科自身的理论发展来说，均具有十分重要的意义。

第一，加强教育政策伦理研究，有利于深化与创新教育政策研究视角，把握重大现实教育问题。马克思曾说过，必须到生产关系中去探求社会现象的根源，必须把这些现象归结为一定阶级的利益。教育政策伦理通过对政策过程中利益关系的把握，有利于将教育政策过程中出现的利益关系、政治关系、不同偏好与追求的群体关系等有机地结合起来，这无疑有利于深化教育政策的研究视角。基于利益视角，从伦理规范的视野来考察教育政策，这实际上就摒除了从形态、功能、作用方式等方面"描述性"介绍教育政策的传统做法，为教育政策研究开辟了一个新视角。通过对相关政策活动的利益主体之间关系的分析与研究，加强教育政策伦理问题的研究，必将有利于我们触及重大现实教育问题的实质。由于我国受教育者基数庞大，再加上教育资源的有限性，使得我国现实社会中的教育问题纷繁复杂。尤其是在当前，面对现代化进程中不断扩大的教育差距现状，如何保证有限的教育资源能够合理、公平与公正地分配给受教育者，如何保障弱势群体子女公平的受教育机会问题都成为当前教育政策理论与实践研究中的重点与难点。因此，加强教育政策伦理研究，对于解决现实教育不公平的问题，明确政府主体在教育发展中的职责，保障受教育者个体的教育权益，协调不同利益主体之间的关系；对于充分运用政策工具，调动市场等其他力量，从教育政策、制度层面来保障和促进教育和谐发展等都将具有重要的现实意义。

第二，加强教育政策伦理研究，有利于为教育政策的制定与执行提供新的标准与参考。20世纪80年代以来，随着我国市场经济体制的逐步建立，计划经济时代的利益机制正在发生根本性的变化与改组，社会生活的其他子系统，尤其是教育系统也随之发生了重大变化。从纵向上看，我国自80年代以来颁布的教育政策，主要涉及两个方面：一是扩大教育资源供给；一是提高现有教育资源的利用效率。特别是随着我国加入WTO，教育服务贸易的签署，民办教育法的颁布实施等，教育领域内的政府主体、私营教育组织、受教育者个体之间的利益关系更趋复杂。从横向上看，由于社会与历史原因，城乡、地区、阶层、类别之间不断拉大的教育差距在现阶段表现得尤其突出。过去由于缺乏相应的政策理论工具，很大一部分教育政策对于现实问题采取了"头痛医头、脚痛医脚"的治标方式，而不能从根本上解决问题。因此，面对上述问题，加强教育政策伦理研究，必将有利于从政策层面解释、解决教育内部的利益冲突，并为科学、合理地制定教育政策提供了新标准与思考；必将有利于政府在制定相关教育政策时能依据特定的社会伦理价值原则，考虑不同利益主体的需求关系，协调不同主体的教育利益冲突，以保证教育政策的合理性、合法性与有效性。

第三，加强教育政策伦理研究，有利于拓宽学科基础，促进教育政策科学的学科发展。从学科性质上来讲，教育政策科学不仅是描述性学科，而且是一门规范性学科。说它是描述的，是因为它追求有关教育政策的性质、原因和结果的知识；说它是规范的，是因为它重视价值取向和价值评价。教育政策的一个重要目标是创造和评判相关教育政策价值的知识主张，或推荐应该采取的行动方案。从一般意义上来讲，政策科学就是一门关于选择的理论。政策科学的相关知识包含了具有价值特征的因变项和自变项的互动与选择；而这些变项的选择往往涉及在健康、财富、安全、和平、正义、平等和自由一类的价值中做出取舍。选择哪一种价值，并不仅仅是一个技术判断问题，其背后更需要伦理理论的指导。教育政策科学研究在我国才刚刚起步，学科理论基础亟须加强。同时，在社会转型时期，教育政策中涉及的价值选择问题、利益与资源分配的伦理问题越来越多，也必然要求教育政策科学从理论上予以回答。因此，加强教育政策伦理研究，对于进一步借鉴伦理科学的学科理论，整合教育学、政策学与伦理学等相关学科的学科资源，拓宽教育政策科学的学科基础，促进教育政策科学的繁荣与发展将具有极其重要的意义。

五、教育政策伦理的结构与问题

一般而言，一项教育政策是政策主体通过特定的程序来制订方案并实施执行的。因此，一项教育政策是否合乎伦理，不仅表现在其实质内容方面的伦理价值取向方面，也表现在其制订与执行程序的公正合理与否，同时，还应包括教育政策主体自身的伦理德性要求。

教育政策是以政府为代表的公共权力对全社会教育资源进行配置的手段与方案。从利益关系的角度来看，在教育政策活动中至少存在以下基本利益内容：政府部门代表的国家公共教育利益，政策主体（或政府组织）的自身利益，政策所指向的不同社会群体成员的教育利益。从教育政策的内容伦理来看，其所要解决的基本问题是如何处理好国家公共教育利益与不同社会群体成员教育利益之间的关系；从教育政策的程序伦理来看，其所要解决的基本问题是如何通过创造与设计出科学、民主的政策程序或规则，以保证政策方案真实充分地反映出不同社会成员的教育利益需求；而从教育政策的主体伦理来看，其所要解决的基本问题则是如何使教育政策主体（包括教育政策的制定与执行者）在行使公共权力实现公共教育利益时，履行自己承担的社会职责而不滥用公权追求个人私利。

（一）教育政策内容伦理：公共教育利益与个体教育利益

在现代社会，政府部门在制定教育政策方案解决公共教育问题时，统一的、普遍的国家公共教育利益与多样化的个体教育利益之间的矛盾将始终贯穿其中。如果以国家教育利益为主，则进行教育决策时必然要求多样化的个体教育利益服从、服务于统一的国家教育利益。在教育资源有限的情况下，政府部门常常会为了统一的国家教育利益需要而限制、损害部分社会成员的个体教育利益。如改革开放初期，通过举办"重点校"把一部分优秀学生选拔出来重点培养，这虽然损害了部分社会成员的个体教育利益，但是适应了国家建设发展的需要。而如果以社会成员的个体教育利益为主，那么政府部门在决策过程中则常常会存在两种极端：或是对社会成员的教育需求少闻少问，让社会成员自己选择；或是平均分配教育资源，平等地对待所有社会成员。"文化大革命"时期，"平均主义"取向的教育政策虽然在一定程度上普及了教育，让社会成员平等地享受到教育权利，但却浪费了大量的教育资源，付出了沉重的教育质量代价，严重损害了国家的整体教育利益。

因此，国家公共教育利益与个体教育利益之间的矛盾关系是政府部门在进行教育决策时必须面对的一对基本矛盾。这一基本矛盾表现为两个方面。

其一，是普遍的、统一的国家教育利益与多样化的个体教育利益之间的矛盾。在现代社会，公共教育利益是以国家整体利益的形式出现的。就其利益内容而言，国家教育利益是从全体社会公众的教育利益中分离、独立出来的共同部分，而多样化的个体教育利益则是社会成员的特殊利益。个体教育利益与从其中分离、独立出来的国家教育利益是特殊与一般的矛盾关系。因而，普遍的、统一的国家教育利益与多样化的个体教育利益之间的矛盾又具体体现为教育政策制定过程中经常遇到的间接利益与直接利益、全局利益与局部利益、长远利益与当前利益之间的矛盾。① 一项好的或公正的教育政策，意味着既要较好地适应多样化的个体教育利益需求，同时也要较好地满足国家整体教育利益需要。

---

① 对于个体的特殊教育利益而言，其更注重的是自身教育利益需求的直接满足、局部满足与当下满足；而相对于普遍的国家教育利益而言，其关系着全体社会成员，因而其实现相比较个体的特殊利益而言，具有间接的、全局的与长远的性质。因此，在制定教育政策的过程中，普遍的国家教育利益与特殊的个体教育利益之间的矛盾具体体现为间接利益与直接利益、全局利益与局部利益、长远利益与当前利益之间的矛盾。

其二，是个体之间多样化教育利益之间的矛盾。进入现代社会以来，随着国家化与制度化教育系统的逐步建设与发展，国家对于教育的影响与控制越来越强烈，国家教育利益在政策制定的过程中越来越占有主导地位。在此背景下，在国家供给教育资源一定的情况下，如何"公正"地对待不同社会群体成员多样化的教育利益需求逐步成为教育政策伦理中的核心问题。在各国政府的教育政策实践中，如何"公正"地对待不同社会群体成员的教育利益需求，如何处理公共教育利益与个体教育利益之间的矛盾，往往取决于多方面因素，这既涉及国家的总体发展目标、教育财政能力等客观因素的影响，同时也涉及决策主体对教育的认识以及社会传统伦理观念等主观因素的影响。

(二) 教育政策程序伦理：政策程序的民主化与科学化

正如戴维·米勒（David Miller）所言，教育政策的实质或内容是指"在任何时候，不同的个体由此享有各种资源、商品、机会或者权利的事实状态"，与之相对，教育政策的形式或程序指"一个机构——一个人或一种制度——向若干其他人分配利益（或负担）的规则或途径"。[1] 教育政策在制订与实施过程中总是按照一定的顺序、步骤并遵照相应规则进行的，这种顺序或步骤即教育政策程序的公正合理与否，直接影响着教育政策实质内容的实现。

教育政策程序伦理主要表现在两个方面，即教育政策程序的民主化与科学化。教育政策程序民主化的核心问题是"人民的参与过程，人民的参与过程是实现民主的根本途径，参与本身就是一种人民行使民主权利的表现"。[2] 教育政策程序的民主化问题主要表现为：公众或利益主体享有自由表达自身利益需求的权利和机会的状况，相关利益主体参与决策的渠道与平台、参与秩序的设计安排状况等。教育政策程序的民主化有利于保证教育政策方案的选择符合社会大众的教育利益需求，有利于提升政策的合法性水平。

一项好的教育政策不仅是一项令社会大众满意的政策，同时，还要保证

---

[1] [英] 戴维·米勒著，应奇译：《社会正义原则》，南京：江苏人民出版社，2001年版，第102页。

[2] 俞可平著：《权利政治与公益政治》，北京：社会科学文献出版社，2000年版，第126页。

其首先是一项正确的决策。如果说教育政策程序的民主化解决的是前者,即尽量保证政策令社会大众满意;那么教育政策程序的科学化解决的则是后者,即通过科学设置一定的决策流程及对相应规则的遵守,以尽量保证政策方案的合理有效。教育政策程序的科学化问题表现为,政策信息的收集与梳理、决策议题的选择与确立、方案的咨询与论证、政策方案实施的调适与监督、政策的评价与终结等政策活动环节的完备以及在不同阶段对现代科学决策方法与机制的运用状况等。

教育政策程序的科学化与民主化问题是相互依存、相互促进的。没有教育政策程序的科学化,不运用科学的决策方法与手段,凭经验拍脑袋决策,就不可能真实、有效地反映不同主体的利益需求;而没有教育政策程序的民主化,社会大众不参与到政策过程中,制订出的政策方案也就无法充分、全面地反映出不同主体的教育需求,相应地,政策方案也就无法获得社会大众的认可与遵循。

(三)教育政策主体伦理:公共教育权力与社会责任

从本质上而言,教育政策是一项特殊的政治活动。政治活动的开展与行使权力密不可分。因此,教育政策活动的开展也意味着政策主体运用其掌握的政治权力去调节不同主体之间的利益矛盾与冲突。在现代社会中,政治权力是一种公共权力,这一公共权力又是由构成政府的公务人员,即政策主体行使的。政策主体在开展政策活动时,应该代表并服务于全体社会成员的公共利益,但是同时也不能否认其拥有自己的私人利益。因此,在教育政策活动中,当政策主体行使公共权力追求公共教育利益时,如何保证其尽可能地履行自己承担的社会责任,而不是滥用公权追求个人私利,也就相应地成为教育政策伦理中的基本问题之一。

在教育政策活动中,对于政策主体来说,其行使公共教育权力,同时也承担着相应或相称的社会责任。政策主体在行使公共教育权力的过程中,必须承担起以下三方面的责任。

其一是行政责任。政府各级行政部门一旦建立,政策主体经法定程序进入政府组织当中,确立相应的行政职务关系,就必须承担相应的职务责任。

在现代社会，教育政策主体承担的行政责任主要是由宪法、法律和各种教育行政法规所规定的，它在本质上是一种伴随着社会的法治化而出现的法律责任。它包含依法应履行的行政义务或职责和因违反或不履行行政职责或义务而承担的惩罚。

其二是政治责任。政治责任是指政府机关以及政府公务人员的行为必须符合公众的利益与福利。在教育政策实践活动中，政策主体承担的政治责任常常会同行政责任发生冲突。如，是对上级行政机关负责还是对人民群众的利益负责经常会使政府公务人员陷入"道德困境"之中。在此情况下，一方面要求教育政策主体要不断提高觉悟，以人民群众的利益为重，让其所承担的行政责任服从于政治责任；另一方面也要求政府机构要进一步提升教育决策的科学化与民主化水平，以使教育政策方案能够真正地反映人民利益。

其三是道德责任。道德责任是指政府机构以及政府公务人员在其日常工作与生活中必须遵守社会所要求的道德标准与规范。教育政策主体作为政府的公务人员，其道德责任包括两个方面：一是作为一名普通的社会成员所应承担的社会道德义务，并因其自身政府公务员的身份而力争成为其他社会成员的道德榜样或楷模；二是在开展教育政策活动执行公务时，作为政府的公务人员应该具备的服务人民、廉洁、正直、诚实、公正等道德品质。

在教育政策活动中，政策主体在行使公共教育权力时，行政责任约束其不能越权而为，也不能有权不为；政治责任约束其要做到权为民所用，情为民所系，利为民所谋；道德责任则约束着主体的良心要自觉、主动地尽心服务于人民。对于政策主体而言，上述三种责任相互统一、缺一不可。唯有将三者结合起来，才能保证政策主体在行使公共教育权力时，既有外在的行政、政治责任要求，同时也有内在的良心责任约束或制约其对个人私利的攫取，以更好地为社会公共利益服务。

总之，教育政策伦理贯穿于整个教育政策活动过程之中，是教育政策的内容伦理、程序伦理与政策主体伦理的统一。相应地，唯有正确地处理好公共教育利益与个体教育利益、政策程序的科学化与民主化、公共教育权力与社会责任之间的矛盾关系，才能真正处理好教育政策的"应当性"问题。

第二章　教育政策的伦理准则：什么是善的？

什么是好的教育政策？从不同的角度出发，会得出不同的答案。比如从经济学的角度来看，投入少收益大的是好政策；从政治学的角度来看，能够维持社会稳定且不断优化社会秩序促进社会良性发展的才是好政策。从伦理学的角度来看，什么样的教育政策才是好政策呢？这就涉及用何种伦理道德准则去评判教育政策。在伦理学的历史发展中，形成了内涵丰富、类型多样的关于何者为"善"或"公正"的伦理准则。

一、案例描述：衡水中学没对手，有隐忧[①]

在河北教育界，衡水中学堪称"巨无霸"，它甚至在官方网站上宣称，连续14年成为全省高考"最强军团"。眼下，这所位于衡水市区东南部的学校大门紧锁，唯一的侧门也被严格限制出入。校门外，一幅巨大的展板显示着今年的高考成绩，道路两旁的围墙上贴满了被北大、清华等名校录取的学生照片，长达百米，蔚为壮观。日前，记者来到了衡水中学。

一家独大：20年前还是薄弱学校，如今培养河北八成以上北大、清华生源

超级中学并不新鲜，衡中有什么与众不同之处？

最明显的与众不同就是衡中没有对手。其他超级中学尚有竞争者，未能一家独大。在北京，人大附中赫赫有名，但还有北京四中、北师大实验中学

[①] 杨柳：《衡水中学：没对手有隐忧》，《人民日报》，2013年7月18日，第12版。

等能一争短长；在天津，南开中学如雷贯耳，但也有耀华中学、新华中学不相上下……但在河北，衡中没有对手。2012年，北大、清华在衡中共录取96名考生，占这两所大学在河北省录取总人数的86%。这一年，衡中还有20名考生被香港各大名校录取，21名考生被国外大学录取。总分600分以上的有2109人，本科一批上线率达87.8%。2013年，衡中包揽了河北省文理状元以及文科前10名，6人进入省理科前10名，本科一批上线率达86.9%。

"另外，与其他超级中学相比，衡中既非出身名门，也没有悠久历史和深厚底蕴。"一位衡中的老师如是说。纵观其他超级中学，要么身出名门——名牌大学、师范院校的附属中学，如人大附中、华中师大一附中等；要么历史悠久、底蕴深厚，如南开中学、上海中学等。而衡中原来只是衡水市的一所中学，到上世纪90年代初，衡中还是当地一所薄弱学校，高考成绩并无优势。

原衡中校长李金池在《衡水中学是怎样成为全国名校的？》一文里曾详细介绍了他用建立"精神特区"、提倡素质教育、公平竞争、激发激情等办学理念提高升学率的做法。李金池把改革矛头首先指向教师：不许老师外出兼课，不许搞有偿家教，不许接受学生家长的宴请，老师把全部精力用于与学生一起做题。

这些措施起到了立竿见影的效果。1995年，衡中一举夺得全地区11个县重点中学的头把交椅，开始显露头角。从2000年开始，每年都有十几人考入北大、清华，2012年更是攀升至96人。

衡中仿佛应验了强者愈强的"马太效应"，实现了升学率与资源富集的循环促进，有人说，它的强势还将维持下去。

半军事化：带橘子进教室受警告处分，生活精确到分钟，短裤和裙子要在膝盖以下

"不能退步，不能生病，不能顶撞，不能心情不好，不能慢，不能笑，不能和同学说太多话，不能走神，不能咬笔，不能总跑厕所，不能啊都不能……"一位衡中毕业的学生这样回忆曾经的在校生活。

只许带牛奶、饼干、苹果、梨、橘子、香蕉6种食物进入学校，短裤和裙子要在膝盖以下，不能留怪异发型，女生不能佩戴首饰，不能留长发……衡中的这些要求引来众多非议，但这仍阻止不了望子成龙的家长们挤破头把孩子往里送。

尽管衡中一再强调，学校实行的是素质教育，但在外界看来，衡中的成功靠的是半军事化的封闭管理，让师生长期处于亢奋状态以及大量做题挖掘应试潜力，即李金池所说的"老师把全部精力用于与学生一起做题"。

衡中的一名高一学生说："每天5:30起床，5:45之前必须离开宿舍，拿着书到跑操地点集合。跑操结束后，所有班级必须跑步上楼早读，6:38，班里的80多个人全部离开教室的时间甚至可以用秒来计算（当然除去七八个不吃饭的），为的只是能吃到早饭，因为7点前要回到教室上自习。如果去晚了，在楼道堵5分钟，排队5分钟，来回7分钟，最多只能有3分钟早饭时间……在衡中生活了3个月，才明白什么是人间炼狱。"

江西某中学一位教师在参观衡中时曾在学校公告栏内看到一则公告：高二年级一位学生带橘子进教室受警告处分，并回家反省。

在许多人看来，衡中的教育方式"泯灭了学生的天性，扼杀了学生创造力"，而在更多衡中学生眼中，这样的管理方式很平常，还有人回忆起在学校的点点滴滴，觉得那时的日子虽然很苦，但心情愉悦，有一种吃苦的幸福。

已从衡中毕业的学生孟隋这样写道：在衡水这样一个经济欠发达的地方，衡中是当地学生家长的希望所在，是底层人改变命运的战场。成功就得努力，底层的成功尤其需要更大的甚至更疯狂残酷的努力。在理想状态中，青少年应该是自由自在、轻狂放纵的，但是这理想状态只会让高考失败，从而耽误一辈子，教育需要一种必要的牺牲——这是由牺牲与获得的关系决定的。

邢台市一位中学老师也认为，衡中严苛的管理方式适应了目前的高考制度，只要高考不改，这个模式就会存在。在目前的考试模式下，"谁不学衡中，谁就将被淘汰"。

黑洞效应：生源富集致其他学校空心化，专家称超级中学有碍教育公平

今年刚参加完高考的衡中学生孙同学说："我们班有110多人，其中衡水市外的学生大概有70多人。"她自己就是沧州人。

沧州市某县中一位教师说:"本该属于我们学校的优秀生源许多都被掐尖挖走了。2000年以前,我们中学还有考上北大、清华的学生,后来就没有了。生源的严重不足已经让学校面临生存危机。"

学校的危机心理同样投射到衡水本地的家长身上,只是他们担忧的是另一种不公平:"学校招了外地的考生,挤占了本市学生的名额,尤其是主城区的孩子。"当地一位家长表示。

衡中的黑洞效应却成了当地政府的"亮丽名片"。

在一则政府网站的新闻报道中不难看出当地对衡中的支持:衡中扩建时,"涉及哪个部门、哪个单位,都要尽职尽责,密切配合。要在全市各级的共同努力下,把衡水中学的建设推上一个新台阶,把衡水中学打造成衡水对外开放的亮丽窗口"。

北京大学教育学院教授康健认为,衡中并不是一个好的典型,超级中学的兴起是政绩和利益的共同驱动,于教育、安全、人道都不利。他认为将来的教育应该朝着"就近、分散、小型"的方向发展,不同风格学校的存在,对教育肯定有好处,优质资源集中并不是政府的荣耀,"政府应该做的,不是锦上添花,而是雪中送炭"。

21世纪教育研究院副院长熊丙奇曾撰文称,集中力量办超级中学有违教育公平,我国教育存在严重的地区不均衡、城乡差异和校际差异,根源就在于没有尊重并维护平等的受教育权,没有受教育者与教育主管部门、学校进行利益博弈的机制。推进教育改革、促进教育公平,迫切需要启动这一机制。

问题:

1. 如果你是一名衡水中学学生,看到有这么多优秀的学生与你一起共同度过关键的高中三年,你幸福吗?为什么?

2. 如果你是一名非衡水中学的学生,看到自己学校这么多优秀的学生都被衡水中学掐尖挑走了,你幸福吗?为什么?

3. 如果你是一名衡水市教育局的领导,正好主管衡水中学。每年看到衡水中学招收了越来越多的非衡水生源,你自豪或幸福吗?为什么?

近年来，超级中学尤其是作为典型标杆的衡水中学风光无限，引发了社会各界的极大关注，但是这种风光从来都是毁誉参半的。对殷殷家长而言，超级中学是挤进一流高校的 VIP 通道；于地方政府来说，超级中学是官员政绩的晴雨表；就教育学者而言，超级中学是观察教育公平的风向标。

衡水中学是一个特别有意思的案例。如果仅仅只是一位读者，读完了上述案例，对衡水中学的感受评判可能会五花八门、千差万别。但是一旦置身于问题中的某个特定角色时，读者是不是就会感到有些矛盾重重。比如你是一名衡水中学的学生，与这么优秀的同学同场竞技，大家相互促进共同进步，何其乐也！但是，在高校招生指标分配到各省一定的情况下，与这么多优秀的同学在一起也意味着竞争更加激烈，你还高兴得起来吗？

遇到类似的情况，有没有一定的伦理理论或道德准则，可以帮助读者来分析、评判乃至解决教育政策中的伦理困境呢？本章将主要给读者呈现目的论、义务论以及正义论等伦理学中主要的伦理理论与原则，以为分析与评判教育政策中的道德性提供基本的伦理准则。

二、基于结果的目的论

一般来说，一个伦理理论主要包括两个部分：价值理论与行动理论。前者说明何种东西是善的或者有价值的，后者则说明哪些行为是应该的、允许的或是禁止的。[①] 伦理学的理论形态与流派繁多，归纳起来主要有两种基本类型：目的论（Teleological Theories，也称为效果论或者后果论）与义务论（Deontological Theories，也称为道义论）。两者区分的关键点就在于是重视行为结果的善还是重视行为本身的正当。

目的论认为行为结果的善在逻辑上优先于行为本身的正当，只要能够促进善的行为就是允许的；而义务论则相反，它坚持行为自身正当的独立性，

---

① 程炼著：《伦理学导论》，北京：北京大学出版社，2008 年版，第 145 页。

与行为后果并不相关,"某些行为之所以内在地正当或在原则上正当,是因为它们属于它们所是的那种行为,或者说,因为它们与某种形式原则相符"①。

譬如这样一个案例:

> 一位著名的科学家与一名普通工人共同乘坐一架飞机外出旅游。飞机在天空飞行时突然出现了机械故障,两个人需要用降落伞迫降,但是飞机上只有一个降落伞包,请问谁应该获得这个可以救命的降落伞呢?如果你能决定这个唯一的降落伞包的分配,你将给谁?你这样做遵循的原则是什么呢?

如果你认为科学家应该获得降落伞包活下来,因为科学家创造的科研成果与社会财富远远大于普通工人,那么你就是一位目的论者。

如果你认为无论科学家还是普通工人,在生命面前人人平等,两个可以通过猜拳或者与抓阄类似的方式来决定谁获得降落伞包,那么你就是义务论者。

目的论②伦理学认为,单独的一个行为无所谓好与坏,判断一种行为的道德意义在于这种行为所产生的实际结果,简言之,如果该行为能够产生"好处",或说产生的"好处"多于"坏处",产生的利益多于损耗,那么,这种行为就是道德的或正当的;否则,它就是不正当的。

从发展源头上看,目的论伦理学可以追溯到古希腊的感性主义伦理学,包括德谟克利特(Democritus)的感性幸福论、伊壁鸠鲁(Epicuros)的幸福主义和居勒尼学派的快乐主义等理论。

在西方伦理学历史上,德谟克利特首次系统论证了生活的目的就在于幸福。他认为,快乐与不适构成了应该还是不应该做事的标准,快乐与不适决

---

① 何怀宏著:《伦理学是什么?》,北京:北京大学出版社,2002年版,第66页。
② 需要指出的是,目的论中"目的"一词不是指主观目的和动机或有待实现的目的,而是指已经实现的目的,其意是指通过行为的结果来判断行为的道德性质及意义,因而,在此意义上,"目的论"常常被称为"效果论""结果论""后果论"等。

定了有利与有害之间的界限,对人而言,在一种尽可能愉快的状态中生活就是最好的,要尽可能少受痛苦。① 就此而言,人生的目的在于追求生活愉悦与幸福。在德谟克利特看来,人生的快乐不仅来自于感官,也来自于精神生活。"凡期望灵魂的善的人,是追求某种神圣的东西,而寻求肉体快乐的人则只有种容易幻灭的好处。"② 因此,为了获得灵魂的安宁,不沉溺于感官的追求,而应追求一种节制的快乐,节制使快乐增加,当过度时最适意的东西也变成了最不适意的东西。③

伊壁鸠鲁也把幸福当作人生的最高追求,甚至是唯一追求。他说:"快乐是幸福生活的开始和目的。因为我们认为幸福生活是我们天生的最高的善,我们的一切取舍都从快乐出发,我们的最终目的仍是得到快乐。"④ 伊壁鸠鲁强调肉体和感官的快乐是一切快乐的起源和基础,但认为心灵精神的快乐比肉体的快乐有更高的价值,"当我们说快乐是最终目的时,我们并不是指放荡者的快乐或肉体享受的快乐……而是指身体上无痛苦和灵魂上无纷扰"⑤,"最大的善,乃是明智"⑥。

但是在居勒尼学派那里,肉体的感性快乐却被置于最高位置。他们认为,什么是善呢?善就是快乐,"真正的快乐就是肉体欲望的满足,是一种当下的享受,而并不是什么精神的宁静"⑦。因而,居勒尼学派主张"及时行乐",而且要追求眼前的最大快乐。

伴随着欧洲近代启蒙运动的扩展,人们从宗教神学的束缚中解放出来,

---

① 周辅成编:《西方伦理学名著选辑》(上卷),北京:商务印书馆,1964年版,第81页。
② 《古希腊罗马哲学》,北京:生活·读书·新知三联书店,1957年版,第107页。
③ 《古希腊罗马哲学》,北京:生活·读书·新知三联书店,1957年版,第118页。
④ 周辅成编:《西方伦理学名著选辑》(上卷),北京:商务印书馆,1964年版,第103页。
⑤ 周辅成编:《西方伦理学名著选辑》(上卷),北京:商务印书馆,1964年版,第104页。
⑥ 《古希腊罗马哲学》,北京:生活·读书·新知三联书店,1957年版,第105页。
⑦ 唐凯麟主编:《西方伦理学流派概论》,长沙:湖南师范大学出版社,2006年版,第91页。

理性觉醒，注重现实个人利益，追求世俗生活的幸福，逐步成为不可抗拒的社会趋势。新兴资产阶级的市场经济行为需要与之相匹配的伦理价值支撑。在此背景下，功利主义伦理思想作为目的论伦理的典型代表应运而生，成为当时社会发展的重要思想基础。

边沁和密尔是古典功利主义的两位重要代表。

边沁是第一位系统提出功利主义理论的人，其理论思想可以概括为两点：在价值理论上是快乐主义基础上的"苦乐原理"，在行动理论上是"最大多数人的最大幸福"原则。

在边沁看来，苦乐情感是人性或道德的基础。他认为：

> 自然把人置于两个至上的主人——"苦"与"乐"的统治之下。只有它们两个才能够指出我们应当做些什么以及决定我们将要怎样做。在它们的宝座上紧紧系着的，一边是是非的标准，一边是因果的环链，……功利原则承认人类受苦乐的统治，并且以这种统治为其体系的基础，这种体系的目标在于假借"理性"和法律之手以建树福利的体系。[①]

边沁不仅把苦乐作为个体行为道德判断的标准根据，而且把痛苦或快乐看作只是量的差别而没有质的不同。为此，他提出了量化原则以消解快乐之间质的差异，并从7个方面来确定快乐相对值，计算快乐的总量。[②] 这7个方面分别为：

(1) 强度，即行为所带来的快乐的感觉的强烈程度。
(2) 持续性，即快乐感觉延续时间的长短。
(3) 确定性，即快乐的感觉是真实的还是虚假的。

---

① 周辅成编：《西方伦理学名著选辑》（下卷），北京：商务印书馆，1987年版，第212页。
② 宋希仁主编：《西方伦理思想史》，北京：中国人民大学出版社，2004年版，第294页。

（4）远近性，即快乐的感觉是眼前可以获得的还是从一个更长远的时间来看它是可以得到的。

（5）繁殖性，即一种行为所带来的快乐感觉是否能派生出其他的快感。

（6）纯洁性，快乐所引起的有益的后果的强度，即快乐和痛苦相比，能否占绝对的优势。

（7）广延性，快乐发生的范围，即行为是否同时给大多数人带来快乐。

在此基础上，边沁进一步提出了行为的功利原则。

边沁认为："所谓功利，意即指一种外物给当事者求福避祸的那种特性，由于这种特性，该外物就趋于产生福泽、利益、快乐、善或幸福（所有这些，在目前情况下，都是一回事），或者防止对利益攸关之当事者的祸害：痛苦、恶或不幸（这些也都是一回事）。假如这里的当事者是泛指整个社会，那么幸福就是社会的幸福，假如是指某一个人，那么幸福就是那个人的幸福。"[①] 他在《道德与立法原理》中进一步指出功利原则：

> 当我们对任何一种行为予以赞成和不赞成的时候，我们是看该行为增多还是减少当事者的幸福；换句话说就是看该行为增进或者违反当事者的幸福为准。这里我说的是对任何一种行为予以赞成和不赞成，因此这些行为不仅要包括个人行为，而且要包括政府的每一种设施。[②]

如果说，个体行为的道德判断标准是"幸福的最大化"，那么政府所代表的公共行动的道德判断准则又应该是什么呢？在边沁看来，社会是个人构成

---

① 周辅成编：《西方伦理学名著选辑》（下卷），北京：商务印书馆，1987年版，第239页。
② 周辅成编：《西方伦理学名著选辑》（下卷），北京：商务印书馆，1987年版，第211—212页。

的，社会的幸福不过是其单个成员的利益之和，只要每个成员尽力追求自身幸福的最大化，达到了"最大多数人的最大幸福"，就会实现整个社会利益的最大化。

在边沁之后，密尔将功利主义思想推向新的发展阶段。密尔对边沁的快乐原理进行了修正，指出快乐不仅有量的差别，也有质的不同。对此他认为：做一个不满足的人比做一个满足的猪好；做一个不满足的苏格拉底比做一个傻子好。而且，密尔还认为，能够为全体社会的幸福而牺牲个人的幸福，也是值得赞赏的。就此而言，他不仅主张个人追求幸福快乐，也强调最大多数人的最大幸福，同时还肯定了为促进社会幸福总量增加而牺牲个人利益的行为。

功利主义注重行为结果或效果，并以此来评判行为的道德性。功利主义在现当代虽又有所发展，但是基本思想是一致的，主要包括以下要点：①

其一，人是追求快乐的，快乐也是判断人们行为选择的最终道德标准。功利主义者认为，趋乐避苦是人类的自然天性，人总是追求快乐的。快乐的实质就是建立在经验感觉基础之上的利益。增进了个体快乐或幸福的行为，就是道德或善的，反之则是不道德或恶的。

其二，快乐可以量化，并可以比较权衡。社会个体的每一种道德行为均有其苦乐结果，在有多样可能的情况下，个体的道德选择必然面临着一个比较、权衡的问题。边沁从7个方面进行量化，来计算快乐量的大小，并以此判断行为的善恶。

其三，最大多数人的最大幸福。功利主义的哲学基础是经验论，即个体对于快乐的判断是依据个人经验做出的，由于个体间差异的存在，个体间的感受与需求无法达成普遍共识。在面对国家整体利益与社会成员的个体利益发生冲突时，功利主义者提出了"最大多数人的最大幸福"原则，认为社会整体的快乐在总量上要大于某一部分人拥有的快乐，若干人的总体幸福总量

---

① 参阅高兆明著：《伦理学理论与方法》，北京：人民出版社，2005年版，第269—304页。

要比一个人的幸福量大。政府进行公共活动时的道德选择标准，就是要看这一行为能否带来最大多数人的最大幸福。

其四，为了实现最大多数人的最大幸福，个体应当遵守道德规范。功利主义者认为，履行道德义务是实现个人快乐与社会整体利益或幸福最大化的有效方式。个体履行道德义务，不仅有利于自己获得应得的利益，同时也有利于他人利益的实现。个体遵循社会道德规范，实现的是个体之间各自利益需求的满足，最终实现的则是最大多数人的最大利益。

回到衡水中学案例，如果作为衡水中学的一名学子或者家长，运用功利主义进行决策，会发现从衡水中学考入重点大学的概率要远远大于同地区的其他中学，这就符合个人利益最大化原则，就会支持与认同衡水中学的办学行为。而如果作为分管衡水中学的教育局领导，考虑到以有限的教育资源集中投入到衡水中学，可以吸引这么多优秀的生源，每年为重点高校输送这么多人才，这就符合最大多数衡水人的教育利益，也会认同并积极支持衡水中学的办学行为。

三、基于形式的义务论

义务论认为，某些行为之所以内在地正当或在原则上正当，是因为它们属于它们所是的那种行为，或者说，因为它们与某种形式原则相符。[①] 换言之，不能从行为的结果，而应该从行为本身的正当与否来判断其道德价值与意义。

德国伟大的哲学家伊曼努尔·康德（Immanuel Kant）是义务论伦理学的创建者。在康德看来，人是理性的存在物，人类通过理性才能认识世界。人类生活在两个世界之中，一个是自然世界，一个是自由世界。康德哲学的两大任务即是为自然立法和为人类自我立法。其中，通过理论理性为自然立法，即探求真理；通过实践理性为自我立法，探求道德法则。

---

① 何怀宏著：《伦理学是什么？》，北京：北京大学出版社，2002年版，第66页。

在人类社会生活中，个体只有通过理性克服自身的感性欲望，才能过上有道德的生活。在康德看来，在人类生活的感性世界中，个体的理性对于感性总有一种不能推卸的使命，那就是要考虑感性方面的利益，并且为谋今生的幸福和来生（如果可能的话），而为自己立下一个实践准则。① 人类通过实践理性为道德实践立法，② 由此出发，康德提出了一个与目的论截然不同的方法论原则，即判断善恶的标准不在于个体行为的实际效果，而在于行为本身是否符合某种道德法则，而且这种道德法则应该是无条件的、可普遍化的绝对命令。从这一根本要求出发，康德提出了三条道德律令：

不论做什么，总应该做到使你的意志所遵循的准则同时能够成为一条永远普遍的立法原理，即普遍立法；

你须要这样行为，做到无论是你自己或别的什么人，你始终把人当作目的，总不能把他只当作工具，即人是目的；

个个有理性者的意志都是颁定普遍规律的意志，即意志自律。③

康德认为，能够同时遵照上述三大律令的绝对命令就是人类的道德行为法则，人类行为的善与恶也要依据于此来判定。所谓善就是按照绝对命令行

---

① ［德］康德著，关文运译：《实践理性批判》，北京：商务印书馆，1960年版，第62页。

② 在康德看来，实践理性有纯粹与不纯粹之分，不纯粹的实践理性是指掺杂感性经验，依赖于经验的实践理性。康德认为由不纯粹的实践理性确立的道德法则必然是主观的、任意的。因此，要确立客观的、可普遍化的道德法则，必须由纯粹实践理性来制定。通过纯粹实践理性制定出来的道德法则体现出了人的自由性，而同时，人又通过意志（个体行为的内在动力，常常被称为意志）把客观的道德法则作为行为的指导原则而做出行动。因此，在康德的伦理学中，理性和意志并不是相互分离的两样东西，而是同一实践理性的两个方面。在康德看来，纯粹化的实践理性就是"纯粹意志"，而纯粹意志不仅是自由的，同时也是善良的意志。

③ 转引自高兆明著：《伦理学理论与方法》，北京：人民出版社，2005年版，第316页。

动,而恶则是背离绝对命令行动。① 在义务论的视野中,对善恶行为的道德判断并不是依赖于行为的外在效果或是所欲达到的目标,而在于行为自身所遵循的道德法则,即:"行为的成立必须本于职责,本于对法则的敬重,而不本于对行为效果所有的喜爱和偏好。"②

如何从个人的道德行为达致社会的公正和幸福呢?康德用"自由意志"作出了回答。在康德看来:

> 一个人的意志得以同他人的意志依自由的普遍法则相统一的总合状态,谓之公正。任何行为本身或者它所遵循的准则如果能使得行为者的意志自由同一切人的意志自由在普遍法则的前提下和谐共存,那么,这一行为就是公正的。
>
> 因此,公正的普遍法则是:对外行为务必确保个人的意志自由同一切人的自由在普遍法则的指引下得以和谐共存。③

如何才能保证个体同他人一样依自由的意志行动,同时个体之间又能够和谐共存呢?在康德看来,这一切需要的是一套所有理性的人都同意的社会裁决程序,通过这个社会裁决程序,每个个体自主制定并自觉遵守道德律令。在其中,每个人都是目的,每个人的自由、权利与尊严都是平等的,任何人都不得以任何借口侵犯他人的自由与权利,任何人都不得被贬低为手段或受到羞辱。在此意义上,功利主义的为了大多数人的利益而侵害个人的利益的行为都是不道德、不公正的。在康德看来,只有通过这样的裁决程序制定的"社会契约"才是公正的,因为每个个体都是在自主、平等、自愿的情况下签

---

① 在康德看来,能够推动执行绝对命令的行为意志是善良意志,而义务则是绝对命令对个体行为提出的要求,也就是要求个体按照绝对命令做应当做的事。
② 转引自宋希仁主编:《西方伦理思想史》,北京:中国人民大学出版社,2004年版,第332页。
③ 转引自宋希仁主编:《西方伦理思想史》,北京:中国人民大学出版社,2004年版,第339页。

订这一社会契约的，而至于社会分配结果的平等与否，则在其次。

义务论伦理学秉持的基本信条如下。

其一，人是目的，每一个个体都不能被看作手段。在义务论者看来，人是目的有两层含义：一是人类本身是宇宙间存在的最高目的；二是作为每一个单个的人都无一例外地是目的。① 换言之，人是以自身为目的而存在的，每一个人都有人之为人存在的绝对价值，不应该把人看作是手段或工具。

其二，义务论关注行为的动机与意志，并不关注行为的后果或效果。义务论发轫于对功利主义伦理学的批判，不关心行为的目的与成效，只注重行为主体的内心信念、良知与善良意志，并努力使善恶的判断标准本身普遍化。在此意义上，一个人的道德行为并不是来自于外在的目的强制，而是来自于个人内心的纯粹义务感，即人们常言的依据行为动机进行道德判断。

其三，在普遍的道德律令面前，人人平等。义务论者认为人是理性的存在，个体依据自己的理性或者内心的道德法则自律自己的行为；同时，也只有依据理性才能创制出可普遍化的道德律令。在普遍的道德律令面前，每个人都有人之为人的尊严，无论贫富贵贱，每个人都只是人，每个个体都是绝对平等的。当个人利益与社会整体利益发生矛盾时，个人权利或利益处于优先地位，国家或社会不能以任何理由损害任意一个个体的利益。

总之，在义务论视野中，个体的自由与权利神圣不可侵犯，在可普遍化的形式道德法则面前，每个个体都是绝对平等的；当个体利益与社会整体利益发生冲突时，个体的自由与权利是优先于共同善的。在义务论者看来，政府机构在制订公共政策分配社会资源的过程中，须优先保障每个个体相应的平等权利，唯有保证每个个体平等权益的社会分配方式才是公正的、正当的；当社会整体利益与个体权利发生冲突时，国家与社会不能以任何理由损害任何个体的权利与自由，至于由此分配方式带来的结果是否产生社会共同善的增减却是次要的。

返回到衡水中学的案例，依据义务论原则判断可以发现，大家都是平等

---

① 高兆明著：《伦理学理论与方法》，北京：人民出版社，2005年版，第317页。

的，为什么你可以我却不可以上衡水中学呢？不能为了让一部分同学上更好的大学，就让其他同学去读普通的中学，这就是把其他同学作为手段了。而且，在衡水中学求学的过程中，更应该注重促进每位学生的个性与全面发展，不能为了升学考试就采取军事化的严格管理，这既限制影响了学生的尊严与自由，同时也把严格管理学生作为升学的手段，一定意义上也把学生作为升学手段而不是目的了。同样，对于作为衡水地区的教育行政主官来说，每所中学都是平等的，不能因为升学率、重点率高，就对衡水中学青睐有加而对其他中学撒手不管或少管，优先重视与发展衡水中学对于其他中学而言就是不平等的，就是不应该的。

四、基于多元的正义论

正义是现代社会制度与生活的基本伦理诉求。当代有许多学者从不同角度探讨了社会正义问题，也为分析与评判教育政策自身的道德性提供了重要的理论原则与资源。这里将主要介绍罗尔斯的"公平的正义论"、诺齐克的"持有的正义论"、霍耐特的"承认的正义论"以及弗雷泽的"参与的正义论"。

（一）公平的正义论

罗尔斯（John Rawls）是美国当代著名的伦理学家、政治哲学家，于1972年出版了其成名大作《正义论》。在《正义论》中，罗尔斯承续西方的契约论传统，对功利主义进行了深刻的批判，探讨了有关社会的基本结构，即用来分配公民的基本权利和义务的正义理论。

罗尔斯通过复兴以洛克、卢梭、康德为代表的西方契约论，提出了个体订立契约的"原初状态"（original position），即假设任何一个人在进入原初状况后，进行推理会作出大家普遍认可或接受的对正义原则的选择。在假设的原初状态下，个体之间互不相识，也不知道任何有关个体和所处社会的特殊信息。换言之，各方在一种"无知之幕"后依据"最大的最小值规则"（maximin rule）进行选择，即选择那种其最坏结果相比于其他选择对象的最坏结果来说是最好结果的选项。罗尔斯认为，在此理论假设下各方达成共识的原则将是公平的正义原则，基本内容如下：

> 第一个原则：每个人对与所有人所拥有的最广泛的基本自由体系相容的类似自由体系都应有一种平等的权利（平等自由原则）。
> 第二个原则：社会的和经济的不平等应这样安排，使它们：（a）在与正义的储存原则一致的情况下，适合于最少受惠者的最大利益（差别原则）；（b）依系于在机会公平平等的条件下职务和地位向所有人开放（机会的公正平等原则）。①

这两个原则的要义是平等地分配社会的各种基本权利与义务，同时也尽量平等分配社会合作产生的诸多利益与负担。其中，罗尔斯尤其强调了合乎最少受惠者的最大利益这一差别原则，当且仅当满足这一原则时，不平等的分配才是允许的。这一原则既反映了罗尔斯正义论中对于最少受惠者的关怀与偏爱，也使得罗尔斯的正义论具有了注重实质而不仅仅是形式平等的特色。

此外，为了确保"公平的正义论"的彻底性，罗尔斯还提出了两个"词典式序列"（lexical order）的优先原则，即第一原则优先于第二原则，而第二原则中的机会公正平等原则又优先于差别原则。

以衡水中学为案例，若运用罗尔斯的公平的正义论可以看出，如果对于每位同学来说，都必须通过公平公开公正的考试才能进入衡水中学，那么这就是罗尔斯正义论的第一原则，也就是说所有学生想进入衡水中学的权利与机会是平等的。但是考虑到个别学生处于不利境地，比如躯体功能障碍，在成绩满足一定条件下应优先录取，这是对处于不利境地学生的差别对待，也是公正的、应该的。

（二）持有的正义论

诺齐克（Robert Nozick）是美国当代杰出的哲学家、伦理学家，也是学

---

① ［美］罗尔斯著，何怀宏等译：《正义论》，北京：中国社会科学出版社，2003年版，第7—8页。

者罗尔斯在哈佛大学哲学系的同事。诺齐克的名著《无政府、国家与乌托邦》是在罗尔斯的《正义论》面世三年后出版的，亦引发了学界的巨大关注。在该论著中，针对罗尔斯公平的正义观点，诺齐克针锋相对，坚决拥护义务论"权利优先于善"的基本主张，提出"持有的正义论"或"权利/资格的正义论"。

诺齐克坚持极端的个人主义和自由主义立场，围绕着个人权利与国家的关系，深入探讨了个人权利可以为国家留下多大活动余地。《无政府、国家与乌托邦》一书中开篇即言：

> 个人拥有权利。有些事情是任何个人或团体都不能对他们做的，做了就要侵犯他们的权利。这些权利如此有力和广泛，以致引出了国家及其官员能做些什么事情的问题（如果能做些事情的话）。个人权利为国家留下了多大活动余地，国家的性质，它的合法功能及其证明（如果有这种功能的话），就构成本书的中心内容，而一系列广泛不同的论题亦将在这种探讨中涉及。①

在诺齐克看来，合理的国家是最弱意义的国家（minimal state），仅限于防止暴力、偷窃、欺骗和强制履行契约等有限功能，以保障个人权利免受侵犯。任何功能扩张的国家（extensive state），或者说比最弱意义的国家功能更多、管事更多、更有权力的国家，都会侵犯社会成员的权利，在道德上都不是合法的。在论证了最弱意义的国家基础上，诺齐克论述了持有或资格的正义理论。持有正义的主题包括三个方面：一是持有的最初获得，或者对无主物的获取；第二，从一个人到另一个人的持有的转让；第三，对持有中的不正义的矫正。诺齐克指出，分配正义原则离不开人们获得持有物的历史条件，分配正义与否依赖于持有的或资格的正义，持有公正原则主要包括以下内容：

---

① ［美］诺齐克著，何怀宏等译：《无政府、国家与乌托邦》，北京：中国社会科学出版社，1991年版，第1页。

1. 一个符合获取的正义原则获得一个持有的人，对那个持有是有权利的。

2. 一个符合转让的正义原则，从别的对持有权利的人那获得一个持有的人，对这个持有是有权利的。

3. 除非是通过上述 1 与 2 的（重复）应用，无人对一持有拥有权利。

分配正义的整个原则只是说：如果所有人对分配在其份下的持有都是有权利的，那么这个分配就是公正的。[①]

诺齐克强调个人权利或资格优先，强调只要持有资格或转让程序公正，不论结果如何都是公正的。如同赛跑一样，竞赛规则和条件适用于一切人，不考虑例外情况，只要参赛者在跑步过程中没有欺骗、偷跑或服用违禁药物等，那么这个比赛及其结果就是公正的。

罗尔斯与诺齐克的公正主题主要针对的是社会分配问题。前者更多地考虑社会平等，强调通过差异原则追求一种具有实质趋向的公平；后者更多考虑个人权利，强调通过程序规则确保个人自由权利不受侵犯。虽然两者在分配正义的原则上存在差异，但是两者在强调个体权利优先这一基本观点方面却是一致的。

再回到衡水中学的案例，可能首先要追问的就是谁拥有进入衡水中学的资格或权利。如果说这种资格是以户籍与考试成绩作为判断标准，那么只有满足衡水户籍与考试成绩的学生才能获得这个资格，而对于外地生来说就不具备这种资格，衡水中学招收外地优秀学生就是不正义的。此外，对于这种入学资格的正义而言，还涉及学生资格是否可以转让以及转让的正义原则是什么等问题。

（三）承认的公正论

阿克塞尔·霍耐特（Axel Honneth）是德国当代著名的社会理论家，也

[①] [美] 诺齐克著，何怀宏等译：《无政府、国家与乌托邦》，北京：中国社会科学出版社，1991年版，第157页。

是法兰克福学派第三代的核心代表。20世纪90年代，霍耐特的学术名著《为承认而斗争》一经出版就备受关注，该著作建构了以承认关系作为核心的多元正义理论，不仅巩固了霍耐特在第三代法兰克福学派中的核心地位，而且也奠定了承认理论在正义领域中的重要影响。

分配在人类社会的共同生活中占有着重要地位，如何正义地分配与每个社会成员的利益息息相关。不同的思想家提出了不同的分配正义原则。如上文中的罗尔斯与诺齐克，分别提出平等的与持有的分配正义原则。在霍耐特看来，当代西方社会发展中呈现诸多新冲突的根源在于社会个体的合理诉求得不到承认，因而产生心理上的侮辱、蔑视与贬低。由此霍耐特转换了探讨正义的视角，开启了从分配正义向承认正义的转变，拓新了正义的理论内涵与社会维度。

在霍耐特的承认正义中，黑格尔早期著作中的"为承认而斗争"的观点为其提供了重要的理论资源。在黑格尔看来，承认具有双重意义：一方面在个体意义上，承认是自我意识产生的根源，只有获得他人的承认才能成为真正的自我；另一方面在社会意义上，承认是证明自身存在、获得自由以及与他人相互依存的重要方式。在此基础上，霍耐特将承认视作正义理论的社会基础，认为一切不公正都与主体得不到承认密切相关，这是引发社会冲突的道德根源。社会正义的根基就是依据主体之间的承认关系的不同类型来判定，即在情感层面、法律层面以及社会价值层面被承认。

在霍耐特看来，现代社会的主体在认同形成过程中依赖社会承认的三种形式，分别为：爱、法律和团结。爱是原生性的承认形式，是互相承认的初始阶段，个体只有在无条件的爱与情感支撑的承认关系中才能产生自信。法律是相互承认的第二阶段，个体通过法律体系赋予的权利与他人平等相处，对待他人，从而获得自尊。团结是相互承认的第三阶段，在共同体中每个人都能够拥有充分实现自我的机会，都有机会为共同利益作出贡献，从而赢得尊重。换言之，爱、法律和团结三种相互承认的形式对应着三种实践的自我关系,即自信、自尊和自重。①

在论述三种承认形式及其领域的基础上,霍耐特提出了社会公正的三个平等原则:"如果关系的形成通过爱来形成,那么需要原则优先;如果在法律上形成关系,那么平等原则优先;如果形成合作关系,价值原则占优。"② 上述三种不同的社会承认形式,分别对应三种不同的社会关系与领域,即家庭、社会和共同体。社会成员通过不同的承认类型与形式,不断获得他人与自我的承认,逐渐融入不同的社会领域,以上述三种原则为导向的社会中,就是一个充满关爱、平等与尊重的正义社会。

有教育学研究者论述了霍耐特的平等三原则在教育领域中的表现,分别为:第一,需要原则,源自于满足人的关系性存在与情感性需要,要用教师的关爱以及同伴的友爱去滋润和维护学校教育中的学生与学生之间的关系;第二,平等原则,源自于人格的普遍性要求,要求共同体中的所有成员要平等承认,拥有平等的参与教育生活的权利,反对教育活动中的身份拒绝和社会排斥;第三,成就原则,关注个性的特殊性,即对人的独特个性与成就的承认,给予每位学生的优势及成就以鼓励和赞许,让每位学生获得自豪感。③

(四)参与的正义论

弗雷泽(Nancy Fraser)是美国当代著名的政治哲学家,是批判理论第三代的主要代表人物之一,也是美国新马克思主义女性主义的重要代表人物。自上个世纪 90 年代中期以来,弗雷泽与法兰克福学派的霍耐特教授围绕着"承认"理论进行了长期的论争与交流,在此过程中构建了再分配和承认的二元正义论,之后又进一步发展为以"参与平等原则"(participatory parity principle)为核心,包含再分配(redistribution)、承认(recognition)和代表权(representation)三个维度的一元三维正义理论。

---

① 李和佳:《霍耐特承认理论研究》,南京:南京师范大学,博士学位论文,2008 年,第 66—84 页。
② [德]霍耐特:《承认与正义——多元正义理论纲要》,《学海》,2009 年第 3 期,第 84 页。
③ 冯建军:《后均衡化时代的教育正义:从关注"分配"到关注"承认"》,《教育研究》,2016 年第 4 期,第 46—47 页。

在弗雷泽看来，二战后伴随着经济社会的发展，在威斯特伐利亚体系①框架牢固之时，福利国家主要考虑的是分配正义的问题；随后，多元主义文化和新社会运动兴起，开始重视对族群、种族、性别差异的尊重，对资源分配的强调开始转向对于文化承认和身份的关注。进入新世纪后，全球化又进一步加速了正义语境的根本转变，对再分配和承认的诉求超出民族主权国家的边界，代表权作为正义的一个维度不断受到重视。在此意义上，弗雷泽指出，当今正义是综合的，再分配、承认和代表权是正义的三个基本维度，每一种维度的正义都与特定社会领域相对应，三者同等重要，缺一不可；而且需要一个共同尺度或者规范原则以统摄多元的正义类型，这一尺度或原则即是参与平等原则。②

弗雷泽将平等参与社会生活作为其多维正义理论的核心原则，用参与平等原则整合三种各异的、不同领域的正义范式。在弗雷泽看来，正义最一般的含义就是参与平等。根据对平等道德价值的最根本的民主解释，正义的社会安排就是允许所有人平等地参与社会生活，消除不公正就是克服阻止一些人作为平等主体参与社会互动的制度障碍。一般来说，这些不正义的障碍包括三处类型：

---

① 1618 年，欧洲发生了一场大混战，持续 30 年。战争的起因是统治着德意志地区的神圣罗马帝国内部基督教两大教派——天主教和新教——之间的矛盾激化，各邦国结成了天主教联盟和新教联盟。神圣罗马帝国之外的国家出于本国利益，或支持新教联盟，或支持天主教联盟，几乎欧洲所有重要国家和势力都卷入了这场战争。1644 年，在德意志北部的威斯特伐利亚举行了和谈会议，并于 1648 年 10 月 24 日正式签订了《威斯特伐利亚和约》。和约中最重要的一条就是规定：每一个神圣罗马帝国的邦国都享有主权，可以独立地从事对外交往，包括宣战和媾和。这些内容后来被不断发扬光大，逐渐演变成了国家主权原则。和约所确立的国家主权原则被延续下来，成了现行国际体系的基石，在法理上，各国在领土主权及其他主权上是平等的，应当相互尊重。《威斯特伐利亚和约》奠定了现行国际体系的最基本要素——主权国家为基本行为主体，被视为现代国际关系的开端。——刘建飞：《威斯特伐利亚体系：现代国际关系的开端》，http://www.71.cn/2020/0310/1078619.shtml。

② 贺羡：《南希·弗雷泽的正义理论研究》，上海：复旦大学，博士学位论文，2013 年，第 49 页。

第一，人们被经济结构阻碍而不能平等参与，使他们缺少作为平等伙伴与他人互动的资源。在这种情况下，他们遭受到分配不正义或分配不公。

第二，人们受制度化的文化价值等级阻碍而不能与他人平等互动，拒绝给予他们必不可少的身份。在这种情况下，他们遭受到地位不平等或拒绝承认。

第三，人们受到决策规则和程序的阻碍而不能平等参与，拒绝给予他们在公共协商和民主决策中的平等话语权。在这种情况下，他们遭受到政治不正义或错误代表权。①

因此，为了保障每位社会成员都平等互动、参与社会生活，需要满足三个条件：一是物质资源的公正分配保障每位社会成员享有平等、独立的发言权；二是在公共参与中用自己的声音表达文化身份，获得社会尊重与互惠的承认；三是保障平等参与的程序条件，保证社会成员充分的发言权与表决权，努力消除阻碍平等参与的政治障碍。

五、基于相对主义的道德观

众所周知，伦理道德是社会习俗的一部分。经验观察可以发现，在不同社会、不同时代，人们的道德判断并不相同。在上述诸多伦理理论中，一个共同的特征就是它们都提出一种普遍主义的准则或标准去判断社会行为的道德性。与道德原则的普遍主义相对，还存在着一种相对主义的道德观。

在道德相对主义看来，并不存在放之四海而皆准的普遍的道德准则或标准，道德准则因为社会习俗、价值结构与信仰体系的不同而不同。人类学者威廉·萨姆纳（William G. Sumner）的话直指道德相对主义的要旨：

---

① 转引自贺羡：《南希·弗雷泽的正义理论研究》，上海：复旦大学，博士学位论文，2013年，第50页。

"正确"(right)的做法是祖先的做法和古老相传的做法。传统是其自身的保证。它不受经验的验证。正确这个观念就在习俗中。它不外在于习俗、没有独立的起源、不用来检验习俗。在习俗中，存在的，总是正当的。这是因为它是传统的，从而拥有先祖鬼神的权威。在习俗面前，我们的分析戛然而止。①

在道德相对主义看来，只要个体的社会行为符合我的或者地方社会习俗与道德信仰，就是道德的、允许的。在长期的历史发展中，人类创造丰富多元的社会文化与风俗习惯，我们应该尊重不同地方的价值体系与风俗信仰，尤其是伴随着人口流动的规模与速度日益加大的情况，在探讨与制定教育政策时尤其要考虑道德的情境性与地域性，而不能简单或盲目地套用某种道德理论进行评判。同时，也要超越道德与文化相对主义的窠臼，遵循现代社会、教育与人的发展规律，充分运用多元的道德理论来解决教育政策的道德性困境。

---

① William G. Sumner. *Folkways*. Boston, Massachusetts: Ginn & Co., 1906, p. 76.

第三章　教育政策的公平"拷问"

教育公平是社会公平的重要组成部分，也是促进社会公平的重要动力。在现代生活中，对于个人发展而言，教育公平是起点性公平；对于社会生活而言，教育公平是基础性公平。促进公平是现代国家公共教育政策的基本价值遵循，政府理应制定公平的教育政策，努力让每个孩子都能享有人生出彩的机会。

一、案例描述：无根的浮萍

漂泊的学校，我的根在哪里[①]

"我是一个来自大山里的农家妹，父母在北京务工。刚来北京时，父母也试着给我找了几所公立学校。当我们走进每所学校时都怀着非常愉快的心情，可每次出来都十分沮丧。每个学校的环境都很优美，师资也很雄厚，可是在那笔对我们而言数目确实不小的借读费面前，我们还是放弃了。我想，全国有多少因交不起借读费或怕被人欺侮而失学的孩子啊？难道就不可不收那笔借读费吗？难道外地人就低人一等吗？"这是北京丰台时代学校六年级的周文在一篇名为《一个外来学生的困惑》的作文中写下的一段话。由于不能进入北京市公立学校，他们只能被迫去一些农民工子弟学校，然而，其实很多农

[①] 何源：《漂泊的学校，我的根在哪里》，《光明日报》，2003年4月17日。

民工子弟学校并不合法,时常面临被拆除的可能性。比如2002年12月25日北京丰台区教委发布一个通告,通告中写明:"凡丰台行政区域内未经教育行政部门批准的学校,自公告发布之日起停止一切招生和教育活动,并做好学校关闭后的善后处理工作。"2003年2月,南苑乡行知小学、爱心希望小学等十多所打工子弟学校被关停,这些学校共有学生四千多人。

同样作为外来务工人员子女,相对于周文来说,吴霞的境遇也许要好一些,她能够在公立学校读书,但是却感到很自卑。

请不要喊我"小农民"[①]

正常孩子到了学龄期上学是再正常不过的事情,但对于农民工子女来说却不是那么容易的事。正因如此记者采访过的一些外来务工人员子女中,大多数的孩子都显得比实际年龄更成熟、更懂事一些。孩子们都知道,为了自己上学,父母跑了不少路,花了不少钱。可他们不明白的是,为什么班上的其他同学都没有这样的经历?一位上初一的外来务工人员子女吴霞同学在接受记者采访时说:"我现在最怕的就是学校'查户口',因为每查一次,就会又有不少同学知道,我是交借读费上学的、从农村来的孩子,父母是进城务工的农民,我会感到很自卑。同学们都会笑话我,还给我起外号叫'小农民'。"记者在采访中了解到,在农民工子女中,和吴同学一样想法的不在少数,他们都有一个美好的希望,就是期望户口不再是他们上学、与同学相处时的阻碍,不再人为地把他们和城市孩子区分开来,他们希望得到公平公正的看待。

问题:

1. 进城务工人员子女周文在当时不能到流入地公办学校读书,对她来说公平吗?为什么?

---

① 马贺、刘巍:《农民工子女求学的现实与期盼》,《吉林日报》,2013年7月23日。

2. 进城务工人员子女吴霞进入到流入地公办学校就读，对她来说公平吗？为什么吴霞期望不要人为地把他们与城市孩子区分开来？

3. 对于与周文或吴霞类似的进城务工人员子女，在教育政策上应该如何处理才算是符合公平原则？为什么？

二、问题聚焦：教育公平及其重要性

20世纪80年代以来，伴随着我国市场经济的深入推进与城市化进程的快速发展，进城务工人员数量与日俱增，进城方式上也从"候鸟式"的季节性流动转变为"家庭化"的移民式定居。在此过程中，进城务工人员快速涌入城市，引发了一系列的城市卫生、交通、住房、社会保障等问题。其中，进城务工人员子女的教育，即"流动儿童"教育问题成为20世纪90年代以来全社会关心的热点与难点问题之一。作为政府部门制定的公共教育政策，必须遵循与倡导公平伦理。正所谓，收入不公平影响人的一时，教育不公平影响人的一生。公平的教育政策对于个人、社会以及教育改革与发展而言，意义重大，刻不容缓。

（一）教育公平是人生公平的基本起点

伴随着人类社会的现代化进程不断加快，教育对于个体发展而言已从"奢侈品"转变为"必需品"。尤其是在当下倡导知识经济的时代，个体能否接受、接受何种品质与程度的教育，直接影响着个体生存与发展的机会。一定意义上，如果个体无法接受教育或者所受的教育较差，在现代社会发展的起点上他就已经处在落后地位，未来发展也将受到诸多限制。就此而言，教育公平是个体发展人生公平的基本起点，只有教育公平才能为社会成员提供大致相同的发展起点，才能有助于每个孩子站在相同的起跑线上。因此，各个国家都非常重视教育公平问题，明确将受教育权利作为每个社会公民的最基本权利内容之一，普遍实施强制的、免费的义务教育，以保障社会个体免受个人出身、种族、性别、贫富等外在因素的过度影响，而在人生发展起步阶段接受大致相同的教育公平，为后续的求学、就业与生活奠定良好基础。

教育是个体生活幸福的重要内容与基本动力,教育公平是人生公平的基本起点。

(二)教育公平是教育改革发展的核心价值

教育公平是世界各国教育改革和发展的基本出发点和共同价值追求。在现代社会发展过程中,各国在推进教育改革与发展时,都朝着一个共同的方向发展,即让每个人都能够享有公平的教育。1948年,联合国大会通过《世界人权宣言》,第一次将教育平等的观念以国际社会应该共同遵循的原则公布出来;联合国教科文组织总干事松浦晃一郎在《世界教育报告2000》的前言中明确指出,教育既是一项人权,又是促进和平和普遍尊重人权与基本自由的重要手段。要使教育充分发挥促进建设一个更加和平的世界的潜力,就必须做到人人都有平等接受教育的机会。①

进入新世纪以来,我国基础教育改革与发展尤其强调教育公平与均衡发展。2004年,胡锦涛在党的十六届四中全会上提出了"两个趋向"的重要论断:"纵观一些工业化国家发展的历程,在工业化初始阶段,农业支持工业、为工业提供积累是带有普遍性的趋向;但在工业化达到相当程度以后,工业反哺农业、城市支持农村,实现工业与农业、城市与农村协调发展,也是带有普遍性的趋向。"我国现在总体上已到了"以工促农、以城带乡"的发展新阶段。"城市支持农村、工业反哺农业"的新阶段,为教育公平政策的深化升级奠定了重要的经济与社会基础。2010年《国家中长期教育改革和发展规划纲要(2010—2020年)》对这一政策给予了全面阐释和工作部署,明确"把促进教育公平作为国家基本教育政策"。在基本教育政策的推动下,我国教育公平的实施成就显著。2008年9月1日,一个被历史铭记的日子,在这一天,中国实现了城乡义务教育全部免费;2011年,国家实现全面普及九年义务教育,2014年义务教育巩固率提高到92.6%,教育均衡发展得到全面推进。教育均衡发展的各项措施,切实保障了学龄青少年的基本受教育权利。在党的十九大报告中,习近平总书记强调指出,要"优先发展教育事业","努力让

---

① 黄忠敬著:《教育政策导论》,北京:北京大学出版社,2011年版,第38—41页。

每个孩子都能享有公平而有质量的教育"。2018年9月，习近平在全国教育大会上再次强调，要坚持我国教育现代化的社会主义方向，坚持教育公益性原则，把教育公平作为国家基本教育政策，大力推进教育体制改革创新。

（三）教育公平是和谐社会的重要基石

社会公平是现代社会的本质要求，是衡量社会全面进步的重要尺度，也是构建社会主义和谐社会的价值基础。① 社会公平的实现，有赖于人们平等公正地享有在教育、医疗、就业等方面的法律赋予的基本权利。教育公平既是社会公平的基本内容之一，也是社会公平的重要基础。没有教育公平，社会公平无从谈起，社会主义和谐社会的建设也就难上加难。其一，教育公平是和谐社会的基本内容之一。没有或者缺少教育公平，和谐社会的建设与发展就会缺失一块重要内容，就如同决定一个木桶最大容量的不是最长的木板，而是最短的那块，教育公平就好比那块最短的木板，教育公平是和谐社会的基本内容之一，且具有不可替代性。其二，教育公平是和谐社会的标志之一。和谐社会是以人为本的社会，而人是社会的主体。教育的目的在于促进全体社会成员的全面发展，全体社会成员的全面发展离不开教育公平的实现，这意味着教育通过充分挖掘每个人的潜能，促进全体社会成员的全面发展，投身社会各行各业，各尽其能，各展其才，才能更好地建设与实现和谐社会。其三，教育公平是和谐社会实现的基本路径。教育公平，对于个人而言，有利于促进人生发展起点的公平，减少社会中的不稳定因素，促进社会和谐；对于社会而言，个人通过教育打通上升渠道促进社会流动，缩小城乡差距、地区差距，减轻性别、种族歧视等，这对于和谐社会来说至关重要。教育公平是促进社会和谐的重要路径之一，是社会和谐发展的平衡器，是和谐社会的重要基石。

三、理论阐述：教育公平的内涵与原则

众所周知，教育公平对于个人发展、教育改革与社会和谐意义重大。但

---

① 范国睿：《教育公平与和谐社会》，《教育研究》，2005年第5期，第21—25页。

如何理解教育公平，教育公平的内涵原则是什么呢？

（一）教育公平的基本内涵

关于教育公平概念的界定，从古至今众说纷纭。其中较为突出的一个争论就是公平与平等一样吗？在现实生活中，有许多人常常用平等来衡量公平。从理论上来说，公平与平等很不相同，但又密切相关。

一般来说，平等是指人们不受政治、经济、社会地位和民族、种族、信仰及性别差异的限制，在法律上享有同等的机会和权利，它更倾向于一种数量上的、是可以被测量的。而公平是一种价值判断，倾向于一种主观上的合理性，难以被测量。但是公平是建立在平等的基础上，是在保证人人都享有基本的平等机会和权利的同时，也强调针对个体差异的公平的合理性。就此而言，教育公平是相对的，教育公平不能等同于绝对的平等或平均，真正的教育公平必须在承认个体差异的同时允许非基本教育权利、非公共教育资源方面的不公平的存在。① 我们认为，教育公平是在一定教育平等的前提下，比如人人都有同等的受教育权利和教育机会，基于同时也要承认个体存在差异，根据不同受教育者个体的差异区别对待，以期望人人获得适合其发展的教育。

教育公平是教育政策的基本价值取向。基本，可以从两个层面上来理解：一是底线意义上的最起码的要求；一是发展意义上的基础性的、适合性的要求。

在底线意义上，教育公平是国家教育政策的最起码的要求。在底线意义上，教育公平包括两个方面内容：一是教育权利方面，国家的法律制度要保障每个国民个体都应该平等享有受教育的权利与机会，不能因为个人的家庭出身、性别、社会地位等而受到歧视。二是教育资源方面，国家应该通过教育政策的部署安排，为每个受教育者个体提供均等的教育资源与条件保障，以使个体的受教育权利与机会奠基在坚实的资源与条件基础之上。

在发展意义上，教育公平意味着为每个受教育者个体提供基础性的、适

---

① 钱志亮：《社会转型时期的教育公平问题——中国教育学会中青年教育理论工作者专业委员会第十次年会会议综述》，《教育科学》，2001年第3期，第3页。

合性的教育。依据个体学生的兴趣与爱好，为其后续的社会性成长与发展提供适合的知识、技能与价值，即因材施教，是促进个体教育成长与发展的最重要的公平。如果说底线意义上的教育公平更多着眼于教育的起点公平，在形式上要保障受教育者个体的公平权利与机会，那么，在发展的意义上，教育公平则更多着眼于教育的过程公平与结果公平，即在实质上为受教育者个体提供适合的教育，因材施教是更高层次的教育公平。

（二）教育公平的基本原则

教育公平涉及对于资源配置与利益调整合理性的价值判断。不同的学者与理论流派的价值取向不同，因而公平观的原则与内容也是多种多样的。一般来说，教育公平包括三个基本原则：平等原则、差异原则与弱势补偿原则。

1. 平等原则

主要包括教育权利和教育机会平等两个方面。对于前者来说，在现代民主国家，每位公民在法律上都享有平等的受教育权利，不允许也不承认有任何超越于法律之外的教育特权。这就意味着法律意义上，人人均享有平等的受教育权利，任何个体都不能因为性别、出身、地位、职业、财产、种族等因素影响而受到不平等的对待。对于后者来说，每位受教育者参与、进阶或接受各级各类教育的机会都是相等的，至少能否最终获得这个机会要看个体努力程度。一定意义上讲，社会个体的受教育权利与教育机会平等更多的是一种起点平等，即每个个体在教育起点上享有平等的权利与机会，此类平等不应受到性别、职业、财产、地位等外部因素的影响，体现对每位受教育者平等的尊重、包容与关怀。换言之，教育虽然不能保证每个人都取得成功，但必须保证每个人获得成功的机会是平等的。

2. 差异原则

平等原则体现了教育起点上的权利与机会的平等，在作为一个人的意义上，人人教育平等。但是，每位受教育者又是具体的，各不相同的，对每位受教育者提供的教育资源应区别对待，要遵循受教育者个体的禀赋爱好，提供适合其个性发展的教育资源。如果说平等原则体现的同等情况同等对待，体现为受教育者作为社会成员在法律尊严与发展机会上的形式平等，理应在受教育权利与教育机会上平等对待；那么差异原则体现的则是个体在禀赋兴趣爱好上总存在这样或那样的实质差异，在促进个体成长与发展上，对于不同情况应不同对待，唯有如此才能更好地促进个体的多样性、差异性发展，才能更好体现教育公平精神。比如让猴子与鳄鱼都去练习爬树，这对于鳄鱼来说就是极其不公平的，更公平的做法应该是让猴子练习爬树，让鳄鱼去练习游泳，只有这样才能更好促进猴子与鳄鱼在各自禀赋上个性地发展。差异原则更多体现为在促进个体现实发展上差异对待，这就意味着要充分尊重学生的个性选择，要提供多样化的教育资源，如多样化的学校、课程与活动，以促进不同学生在各自赛道上的适性发展。

3. 弱势补偿原则

受教育者个体或群体之间存在差异，与此同时，还有少部分的个体或群体在社会经济地位上处境最为不利，其发展机遇和实践就会处于极为不利的地位。对此，罗尔斯在正义论中提出一项重要原则，即弱势补偿原则，任何不平等的利益分配都要符合最少受惠者的最大利益，换言之，对于处境最为不利的弱势个体或群体要给予优先考虑与补偿，以更好促进最少受惠者的利益发展。在我国的教育发展中，对于老少边穷地区的教育发展来说，国家采用转移支付方式给予它们更多一些的教育资源投入、对该地区的高考学生采取降分录取方式等，均属于补偿原则，大家认为这是应该的，不存在不公平问题。国家对于弱势地区、群体和学校优先考虑、积极倾斜，更有利于促进教育公平与均衡发展。

四、案例分析

教育公平的重要性不言而喻。教育政策作为政府部门制定的权威性价值分配，必须接受公平的伦理"质问"。任何有违公平的教育政策都是不合理的，都需要不断地调整修正，以保障每位受教育者受到公平的教育待遇。回到"漂泊的学校，我的根在哪里"和"请不要喊我'小农民'"两个案例，我们接下来将从教育公平视角分析其中存在的不合理之处，这种不合理之处既包括宏观的教育资源分配中的公平待遇问题，也包括微观的教育教学过程中的公平待遇问题。

平等是教育公平的重要内容，遵循平等对待，主要体现为受教育权利与教育机会的平等。对于案例中的周文与吴霞两位学生而言，她们都处于义务教育阶段，不分出身、性别、民族、种族、家庭财产状况、宗教信仰等，理应享受政府提供的同等的受教育权利与机会。但是，由于她们是进城务工人员子女这一特殊身份，或者因"借读费"被拒之门外，或者选择交额外"借读费"进入公立学校就读，不论哪种情况均违反了教育公平的平等原则。

新中国成立以来我国实施城乡户籍制度，并以此为基础部署安排民众的教育、医疗等社会资源配置。在计划经济时代，这种制度与政策安排有利于维护社会稳定，减少城市、乡村之间的居民流动。但是，市场经济之后，伴随着生产效率的提高，部分农民在完成农业生产之后就流入城市务工，以增加经济收入改善生活。伴随着农民工进入城市务工时间越来越长，流动方式也逐步从个人转变为拖家带口，在此背景下进城务工人员的子女户籍在农村，却暂居在城市，他们想在城市中小学校就读，却因为没有城市户籍而无法入学，这就形成了流动儿童的上学难问题。

许多地方政府还通过提高入学"门槛"这种变相方式来限制农民工子女入学，比如"门槛"之一就是证件齐全，即家长要出具"五证"——户口本、暂住证、务工证明、居住证明、户籍所在地无监护人的证明，这对于进城的农民工家长来说，非常困难。有的学校还要求缴纳一笔"借读费"或"赞助费"。高昂的借读费、门槛费使农民工不堪重负。调查显示，43%的农民工随迁子女本学年有借读费，47.6%的随迁子女在务工地入学时给学校交过一次性的门槛费（建设、赞助费等），高昂的借读费、赞助费等导致农民工收入和教育支出水平的悬殊，使本来生活拮据的农民工家庭不堪重负。这成为目前农民工子女随迁最大的困扰和经济压力。[1] 无论是变相设置门槛，还是额外收

---

[1] 《农民工随迁子女西安入学近半要交万元门槛费》，https://www.chinanews.com/sh/2014/10-15/6681145.shtml。

取赞助费，对于进城务工人员子女来说都是有违教育平等原则的。

在微观的学校生活中，每位同学在人格上、尊严上都是平等的，均应在教育教学过程平等对待，包容理解，和谐相处。案例中的吴霞虽然幸运地进入到了公办学校就读，但依旧不开心，因为在学校会被同学叫作"小农民"。因为农民工子女在语言、穿着、行为习惯等方面也有别于城市孩子，让城市同学"另眼相看"，使用诸如"小农民""农二代"等"语言暴力"，以及教师的冷淡态度等，这在微观教育过程也是有违教育平等的。现实中这类问题较为隐性，常不易被发现或引起重视。教育教学过程中的不公平问题也常常影响着进城务工人员子女的身心健康发展。

农民工子女与城市学生的生活环境不同，生活习惯也存在差异。如果从理想的教育公平来看，在学校教育教学过程中，还应尊重他们的差异，适应不同儿童的兴趣需要，提供多样的教育内容与选择机会，才能更好促进他们全面发展与个性成长。但对于案例中的农民工子女来说，能够进入流入地公办学校就读已属不易，至于被公平对待就更显得遥不可及了。

此外，如果案例中的主人公来自于贫困地区或弱势家长，他们在社会的处境不利，从教育公平角度还应对其进行适度补偿，优先考虑与保障他们的受教育机会，唯有如此他们才能在接受教育的过程中补偿他们因为家庭或区域处境不利所带来的消极教育影响，以免产生教育贫困的代际遗传。

五、政策建议

公平是人类永恒的价值追求，教育公平是教育发展必须遵循的核心价值。进入新世纪以来，面对教育发展中日益拉大的城乡、区域、阶层与学校差距的严峻现实，我国逐步"把促进公平作为国家基本教育政策"，教育公平成为我国教育改革与发展的重要主题。案例中的周文、吴霞等同学经历的进城务工人员子女的教育公平问题正在逐步、分步解决。面向未来，在促进我国教育公平发展的过程中，需要注意以下几个方面。

（一）教育公平的基本要求是保障公民依法享有受教育权利

新中国成立以来，国家高度重视公民平等的受教育权利。新中国第一部宪法明确规定"中华人民共和国公民有受教育的权利",此后历次宪法修正,公民的受教育权利条款一直予以保留。公民依法享有平等的受教育权既是我国宪法人权的基本内容,也是国家制度与法制建设的基本原则。依照宪法精神,我国颁布的各级各类教育法律法规中均优先保障受教育者的平等权利。1995年教育法规定"公民不分民族、种族、性别、职业、财产状况、宗教信仰等,依法享有平等的受教育机会";1998年高等教育法指出"公民依法享有接受高等教育的权利";2003年民办教育促进法强调"民办学校依法保障受教育者的合法权益"。不断发展的教育法律法规,为教育公平的深入推进提供了制度保障,公民依法享有的受教育权利不断得到落实与丰富。

在现代社会,权利是个体行动资格的许可与保障,在法律面前人人平等。就此而言,推进教育公平的基本要求就是要在法律上保障人人享有平等的受教育权。面向未来,国家需要进一步优化与完善教育法律法规体系,积极保障每一位公民的受教育权利,为教育公平的扎实推进提供坚实的法律和制度保障。

(二)教育公平的关键是机会公平

新中国成立之初,国家大力发展"为工农服务"的大众教育,通过改革学制、各类学校向工农开门、举办速成学校、开展业余与扫盲教育,有力地保障了工农的受教育机会,缩小了不同社会阶层的教育机会差距。改革开放之后,国家通过分地区、有步骤地大力普及义务教育和扫除青壮年文盲,保障了"一个都不能少"的教育底线公平。进入新世纪以来,国家高度重视教育均衡发展,努力建成覆盖城乡的基本公共教育服务体系,逐步实现基本公共教育服务均等化,缩小区域差距,力争办好每一所学校,教好每一个学生,全面保障受教育者的教育机会公平,真正形成了惠及全民的公平教育。

在各种各样的公共教育资源中,教育机会是最核心也是最重要的教育资源,它意味着一个人接受某种类型和阶段教育的可能性。教育公平的关键就在于不同类型或阶段的教育机会在社会人群之间的平等分配,或是采取切实可行的措施缩小业已存在的教育机会差距。面向未来,需要进一步加大教育投入,努力拓展各级各类学校、课程与活动资源供给,切实为多元不同的学生提供丰富、多样的教育机会。

（三）教育公平的重点是促进义务教育均衡发展

改革开放以来，我国坚持把义务教育摆在"重中之重"地位，采取三步战略①，分类推进、双基攻坚和免费普及，经过多年奋斗，在 2011 年所有省（区、市）通过了国家"普九"验收，用了 25 年时间全面普及了城乡免费义务教育。但是，区域发展不平衡，城乡差距大，尤其是农村义务教育依然存在基础弱、差距大、质量低的突出问题。面对挑战，国家把均衡发展作为义务教育发展的新方向与新目标，先后颁布《关于深入推进义务教育均衡发展的意见》（2012）、《县域义务教育均衡发展督导评估办法》（2017）等多项政策措施，推动优质教育资源共享，均衡配置办学与教师资源，保障特殊群体接受义务教育，全面提高义务教育质量，加强督导评估等，重点部署与大力推进义务教育均衡发展。至 2018 年，全国已有 2717 个县（市、区）通过义务教育基本均衡发展督导评估国家认定，占全国县（市、区）总数的 92.7% 左右，② 这标志着我国义务教育进入优质均衡发展新阶段。

义务教育是国民教育的基础，是国家统一实施的所有适龄儿童、少年必须接受的教育。义务教育作为初始和覆盖最广泛的学校教育，是社会公平的起点，均衡发展是其本质要求。面向未来，要进一步加强城乡、区域义务阶段学校标准化、一体化的师资与设施建设，积极通过学区化、集团化等机制创新，深入推进义务教育均衡发展，努力保障在义务教育阶段每位儿童接受公平优质的平等教育。

（四）教育公平的另一个重点是扶持困难群体

20 世纪 80 年代以来工业化与城镇化的加快，催生了大规模的人口流动，产生了流动与留守儿童的教育问题。对于流动儿童教育问题，国家在《关于基础教育改革和发展的决定》（2001 年）中，提出了以流入地为主和以公办学

---

① 袁振国、刘世清：《改革开放 40 年中国基础教育发展的历史经验》，《中国教育学刊》，2018 年第 12 期，第 6 页。
② 教育部：《全国 92.7% 的县实现义务教育基本均衡发展》，http：//www.moe.gov.cn/fbh/live/2019/50415/mtbd/201903/t20190327_375637.html。

校为主的"两为主"政策;2016 年在《关于统筹推进县域内城乡义务教育一体化改革发展的若干意见》中又进一步提出,随迁子女义务教育"纳入城镇发展规划"和"财政保障范围"。从"两为主"到"两纳入",国家为农民工子女平等接受义务教育提供了制度保障。对于留守儿童教育问题,国家把关爱留守学生工作纳入社会管理创新体系之中,积极构建全社会广泛参与的关爱服务网络。2010 年"教育规划纲要"明确要求,建立健全政府主导、社会参与的农村留守儿童关爱服务体系和动态监测机制,要求学校要优先满足留守儿童住宿需求,努力减少适龄儿童的失学和辍学现象。

发展特殊教育,保障残疾学生受教育权利,是维护其生存权与公平权的重要体现。国家高度重视特殊教育发展,党的十七大、十八大、十九大报告分别提出要"关心特殊教育""支持特殊教育"和"办好特殊教育",这反映了中央对于特殊儿童教育公平的高度重视与升级保障。随后,教育部等七部委组织实施《特殊教育提升计划》,坚持政府主导,多方参与,普特结合,特教特办,多元发展等原则,全面推进全纳教育,使每个残疾孩子都能接受合适的教育。此外,国家高度重视家庭经济困难学生就学问题,2002 年十六大报告提出"完善国家资助贫困学生的政策和制度",2012 年党的十八大要求"提高家庭经济困难学生资助水平"。当前,我国已建立起从学前到高等教育的"奖、贷、助、补、减"资助体系,建成了世界上覆盖范围最广的资助体系,努力保障不让一个孩子因贫失学。

对弱势群体的资源倾斜或优先补偿是社会正义和以人为本的合理要求。对困难群体教育的差别对待与弱势补偿,也是推进教育公平的重点和难点之一。困难或弱势是一个比较性概念,在此意义上,困难或弱势群体在社会发展中总是存在的,他们处境不利,发展受限,处于社会洼地。面向未来,尤其需要关注由于历史、地理、制度或政策等因素造成的弱势或困难群体,要及时了解该类群体的教育需求与发展需要,通过转移支付、设备援助、师资流动、学额分配等多种方式积极支持弱势地区或困难群体的教育发展,一方面既要保障困难地区或群体尽量不受贫困等影响进入到学校接受教育,另一方面则要结合地方经济与社会发展实际情况,积极调整教育内容,让其接受适合未来发展的教育。

（五）教育公平的根本措施是合理配置教育资源

资源是教育发展的现实基础。改革开放以来，我国以促进教育公平为取向，在配置教育资源中实施四个"统筹"与"倾斜"，统筹教育发展的规模、层次、类别，调整教育投入的重点、结构，有力地促进了教育公平发展。

第一，统筹城乡教育发展，向农村倾斜。我国城乡教育差距的突出矛盾是农村教育发展的相对滞后。国家从城乡一体化发展战略出发，通过创新农村义务教育经费保障机制、统一城乡办学标准，完善以县为主管理体制，优先保障农村教育发展。

第二，统筹区域教育发展，向中西部倾斜。国家以中西部地区教育为重点，借力西部大开发与中部崛起战略，加大国家对中西部地区转移支付力度，健全区域协调与互助机制，加大对西部招生的倾斜力度与资助力度，形成以东带西、东中西教育共同发展的新格局。

第三，统筹不同群体教育发展，向弱势群体倾斜。国家针对弱势群体实施差别对待，针对贫困学生、残障学生、进城务工农民子女制定特殊政策，重点关注，通过补偿措施保障他们接受公平教育。

第四，统筹不同类别学校发展，向薄弱学校倾斜。国家着力缩小校际差距，发挥优质学校的辐射带动作用，提倡对口帮扶；改造薄弱学校，提升办学水平；确立办学标准，确保所有学校达到基本建设标准，做到建设有标准，发展有特色。

考虑到历史与政策影响，我国教育在城乡、区域、群体与学校之间的差距还将在较长时期内客观存在，只能逐步缩小缓解。面向未来，在合理配置教育资源的过程中，一方面加大教育投入，不断扩大教育资源供给，促进教育改革发展；另一方面则是统筹教育资源投入中的"软""硬"条件，尤其是要重视包括师资水平、课程资源等"软"条件投入，更好促进学校教育的内涵优质发展。此外，还要顺应信息化、数字化时代教育发展趋势，注重推进教育信息化、数字化资源的供给与发展，以促进学校教育适应未来时代的挑战。

（六）教育公平的主要责任在政府

现代政府的基本职能就是保障教育的公益性和公平性，政府是促进教育公平的主要力量。2010年的"教育规划纲要"明确指出："教育公平的主要责任在政府。"

维护教育公平，政府责无旁贷。面向未来，首先，政府应积极转变教育改革与发展理念，积极扩大公共服务，推进教育优质均衡发展，努力办好每一所学校，促进每一个学生的健康与幸福成长。其次，政府应积极制定教育政策法律，依法行政、依法办学，切实保障社会成员平等的受教育权利与机会。再次，政府应积极创新教育体制机制破解教育公平难题，针对教育改革过程中出现的诸如流动儿童、留守儿童等诸多教育公平的新问题，积极实施"两纳入"政策，建立"关爱服务体系"，创新机制，保障流动儿童与留守儿童的合法教育权益。

（七）全社会要共同促进教育公平

"人民教育人民办"是中国人民齐心协力团结奋斗的历史特征。在"两基"奋进历程中，面对着"贫困地区多、人口居住分散、义务教育规模庞大、教育经费短缺、办学条件差"的现实情况[1]，政府加大财政投入，各地秉持自力更生、因地制宜、广开筹资渠道的原则，创造性地开展集资办学、捐资助学，在全国掀起了声势浩大、持续不断的群众性扫盲运动、普及义务教育运动，成效显著。进入新世纪，社会力量兴教办学，民办教育不断发展壮大，有效地增加了教育服务供给，扩大了人民群众的受教育机会。同时，各种社会资源通过多种途径进入教育领域，如公有、民营、外资等社会力量以货币、实物出资、土地使用权等多种形式投资教育，在保障教育资源供给等方面发挥了重要作用。正是在政府和全社会的共同关心与努力下，我国超常规地实现了教育普及，在发展中国家率先实现了全民教育目标，实现了从人口大国、文盲大国到教育大国的历史性跨越。

---

[1] 翟博、刘华蓉、李曜明等：《人类教育史上的奇迹——来自中国普及九年义务教育和扫除青壮年文盲的报告》，http://paper.jyb.cn/zgjyb/html/2012-09/09/content_77821.htm。

实践证明，教育事业的发展单靠政府力量远远不够，需要各种社会力量踊跃参与。面向未来，需要继续积极动员社会力量，共同促进教育公平。一方面，政府要积极创新机制与平台渠道，积极动员多种社会力量关心教育，通过建立特定的教育基金会等方式，资助贫困学生，满足学生的差异化需求。另一方面，优化治理方式，发挥不同社会力量的专长与专业优势，从经费、设施、培训、课程、社会实践、支教等多种途径方式促进薄弱学校的变革发展。

"教育不公影响人一生"是社会个体对教育公平的切身感知与强烈诉求，"穷国办大教育"是中国教育公平发展的现实国情与最大挑战。新中国成立以来，尤其是改革开放以来，我国努力把教育公平作为基本制度安排，持之以恒地普及教育，推进公平，中国教育公平发展的历史成就惠及了14亿中国人民，为世界推进教育公平发展提供了有益启示。面向未来发展，我国经济与社会进入到高质量发展的新阶段，在推进教育强国建设过程中，迫切要求更加注重教育公平，促进教育更加公平、更高质量发展，以努力让每个孩子都享有人生出彩的机会。

六、拓展案例

（一）撤点并校政策

新世纪以来，针对我国城市化进程的迅速发展，农村大量人口进城工作生活。在此背景下，农村中小学校出现了生源萎缩、班额缩小、资源浪费的现象。为了更好整合与提升教育资源的使用效益，国家在农村地区积极推进撤点并校政策，即撤并一些规模小的教学点，重新调整中小学布局，整合教育资源，实行集中办学。但在撤点并校政策实施过程中，也带来部分问题，引发了新的教育公平问题。

一个学校,六名学生在坚守[①]

11岁的邹佳瑞在奶奶的陪伴下,来到四川省仁寿县彰加镇八洞村小报名。令人意外的是,他被告知八洞村小要撤。彰加镇中心小学校长回应,因学生太少,准备将八洞村小撤掉。仁寿县教育局相关负责人表示,目前村小不仅不会撤,还会逐步恢复。只要村小还有一个愿意就读的学生,就不能撤。八洞村小学已有几十年的历史,上世纪90年代学生最多的时候曾达到1000多人。去年9月之前还有4个年级28名学生。后来学校把5年级和2年级撤掉后就只剩下2个年级15名学生。今年6月6年级毕业后,学校只剩一个年级,总共6名学生。

从高峰时期的1000多名学生到如今的6名学生,八洞村小的命运,只不过是许多乡村学校生存状态的一个缩影。不论是学龄人口的数量下降,还是一些有条件、有能力的农村家庭将孩子送到城镇读书,抑或部分学生跟随到外地务工的农民工父母异地上学,在社会流动加速、乡村空心化的时代背景下,一些乡村学校"由盛转衰"已成为坚硬的现实。

毫无疑问,在这一背景下,区域性的撤点并校难以避免。应该说"撤点并校"初衷是好的,一方面,部分农村学校的学生非常少,另一方面,相对贫乏的农村教育资源分配不均,这两方面的原因导致农村的很多小孩无法接受基本正常的教育。"撤点并校"后,有助于将有限的教育资源集中起来,提高农村整体教育水平。

但也应该看到,一些乡村学校的撤并也带来了一系列的负面问题,如孩子们上学路上的安全问题、乡村文化种子被掏空以及寄宿制损伤亲情互动、村民教育成本上升导致辍学现象加剧等。就拿八洞村小来说,这里有3名老师,撤掉八洞村小有助于解决彰加镇中心小学师资紧张的难题。可是,对于这几位孩子及其家庭来说,"撤点并校"意味着就近入学落空。孩子们上学要么走更远的路,要么家长在彰加街道租房陪读,无形之中加剧了这些农民家

[①] 杨朝清:《"撤点并校"别忘了统筹考量》,《农民日报》,2016年9月8日。

庭的教育成本。且对于农村孩子来说，寄宿也并不是一个很好的选择。有很大比重的农村学生不喜欢寄宿制学校。一方面，一些寄宿制学校在卫生、饮食条件上跟不上，导致农村学生的生活品质下降；另一方面，农村学生大都为留守儿童，通常为爷爷奶奶"隔代寄养"，寄宿制让孩子们难以得到家庭的照料和精神关爱，加剧家庭成员之间的距离感与隔阂感。

"冰花男孩"的求学路[①]

云南鲁甸县新街镇转山包小学三年级学生王福满冒着严寒上学头染冰花，此事经媒体披露后，引发大量关注和讨论。

转山包小学路程最远的学生，每天要花近2个小时在求学路上，这与前些年农村中小学大量并校导致一些学生因路途遥远而辍学有类似之处，所以，有人借"冰花男孩"一事再度批评撤点并校，尽管当地学生求学路途艰难并不是并校的结果。但是如何解决转山包小学那样的上学难题？撤点并校应继续推进还是走回头路？

对中小学特别是小学生而言，1—2公里内就近入学当然是最理想的，这样既节省学生时间，又可以与父母住在一起增进亲情发展，得到父母的人生指导。但这种理想的模式对于中国大部分农村地区特别是一些贫困地区来说，是不现实的。

问题：

1. "撤点并校"在提升教育资源的规模效益时，可能引发哪些教育公平问题？为什么？

2. 从教育公平角度来看，微小规模的乡村学校是否需要保留？为什么？

3. 在推进教育公平与优质发展的目标追求下，如何优化或改进"撤点并校"政策？为什么？

（二）异地中、高考

改革开放以来，我国现代化进程快速发展，在此过程社会人口流动，尤

[①] 黄小鹏：《从"冰花男孩"看撤校并校的是与非》，《证券时报》，2018年1月24日。

其是农村人口向城市流动，不仅为城市发展提供了重要的劳动力，有力支撑了城市建设发展，同时也为城市医疗、教育等带来新的问题，亟待解决。与进城务工人员一起进城的还有他们的子女。自上个世纪90年代以来，流动儿童的教育问题引发社会的高度关注，国家出台了一系列政策解决流动儿童的义务教育问题。在此过程，流动儿童能否在其户籍以外的地方参加中考、高考，引发新的教育公平问题。

<h3 style="text-align:center">非京籍考生的"三岔路口"①</h3>

"左老师，我回到沧州了，这里的教学进度跟咱们不一样，这里的卷子好难，我考不了……"放下手中的电话，左旭京无奈地摇了摇头。他知道，如果这个孩子能参加北京中考，或许能考上一个不错的学校。然而没有北京户籍的孩子，注定没有办法跟其他同学站在一个起跑线上。

左旭京是北京市八一中学初中部的一名教师，新学期还没有过半，他就已经送走了几名非京籍的学生回到户籍所在地备战中考。"事实上，非京籍在京借读的学生是可以参加中考考试的，然而不符合招生条件的学生，无法参与普通高等中学的录取招生，只能报考私立学校或者职高、技校。"所以，能参加中考，但是与之相配套的招生系统带有门槛限制，那么能参加中考又有什么意义呢？

不能满足中考招生条件的非京籍考生就这样走到了人生的三岔路口：回原籍中考、报考北京的职高技校，或者报考私立学校或国际学校。左旭京曾经执教于北京某重点中学的国际部，对于以出国为目的培养学生的国际学校来说，在招生方面具有高度的自主权，所以户籍并不是招生面对的主要问题，学费才是最大问题。

"与私立学校一样，名校国际部的学费远高于普通高中，有些学校每学年的收费甚至会突破10万元。"左旭京告诉记者，这类学校无法给学生开出北京市高中毕业证，只能给予一个学校自己颁发的毕业证。由于没有教育部门

---

① 周頔：《异地中考背后的制度困境》，《民主与法制时报》，2017年4月23日。

承认的高中学历，这些学生也无法参加国内的高考，所以出国就成了他们选择国际学校后的唯一出路。不过，能上私立学校的学生毕竟是少数。回到户籍所在地进行中考，学生们无疑会面临教材内容、难度不一致所导致的不适应，一些学生甚至会因为这样的差异导致无法继续完成学业。

全国绝大多数省份都已经明确了随迁子女在当地参加中考政策，并且该政策也已经落实了数年。但是，各地政策大部分都带有明显的户籍限制性或者相关附加条件，很多不符合随迁条件的学生只能回原籍进行中考。

漂泊的"高考候鸟"[①]

今年18岁的刘岩出生在北京，他的老家在四川蒲江县，位于成都、眉山、雅安三市交会处，一个人口25万的千年古城，素有"生态新城"的美誉……所有这些，刘岩其实并不了解，自出生以来，他一共就回过三次蒲江，大约是在上小学时的暑假。

20多年前，刘岩的父亲离开气候宜人的蒲江出来闯荡，去过海南、广东、上海，最后到了北京。"为了生活，爸爸什么活都接，保洁员、搬运工、洗菜工、厨师……"刘岩说，家里现在开了一家小饭店，虽不算很富裕，但父母对他的教育很重视。父亲是小学毕业，也许是早年奔波吃尽了苦头，他希望儿子多读书，能考上大学。刘岩初中毕业后，被父亲送进北京一所民办高中就读，一年的学费近4万元。父母的付出，他盼望自己考上大学来回报。但按照北京的规定，非京籍学生只能报考高职学校，而且需要满足五项条件。这让成绩一向不错的刘岩颇感委屈。"我不愿读高职学校。"他相信自己可以考上大学，但没有北京户口，就得回老家参加高考。为此，刘岩去年提前转回四川备战高考。眼下考试在即，虽说全国考纲都一样，但各地的教材侧重点有所不同，这不免让一家人有些担心。在河南潢川高中任教的汪老师也遇到过类似的学生，他表示，这些在外地漂泊的学生回到老家找不到归属感，学校的教材、教学模块、考试命题方式等方面的差异，也让他们倍感不适。

---

① 汤瑜：《那些漂泊的"高考候鸟们"》，《民主与法制时报》，2017年5月7日。

其实，不仅刘岩，还有许多和他一样的高考"候鸟"，在北京出生、长大，无法在京参加高考，这些孩子被父母送到距北京274公里的衡水寄宿学校，摸索着寻找最终的落脚点。

问题：

　　1. 随迁子女无法在异地参加中考、高考，这对他们来说公平吗？对流入地的本土学生来说公平吗？为什么？

　　2. 从教育公平角度来看，需要推进异地中考、高考政策吗？为什么？

　　3. 从教育公平角度来看，需要什么样的异地中考、高考政策？为什么？

第四章 教育政策的"人本"诉求

教育是基于人、为了人、培养人、发展人的独特社会实践活动。以人为本,既是现代教育活动的基本出发点与落脚点,也是必须遵循的基本伦理原则。在教育政策活动中,无论是对于教育利益、资源与机会的分配,还是促进学生的个性全面发展,都离不开各级各类教育主体的交往互动。一定意义上讲,教育政策也是关于人、为了人的公共实践活动。在此过程中,教育政策必须将以人为本作为首要的价值基础,离开了人、无视人的发展需要、缺乏对人的尊重关怀,既会影响到教育政策的合法性基础,也会影响到教育政策的实施的效果。

一、案例描述:关于代课教师

代课教师何去何从?[①]

代课教师是指在乡村学校中没有事业编制的临时教师。1984 年底以前他们被称为民办教师,在此前从教的临时教师基本被转正或清退。1985 年开始,教育部为提高基础教育的师资质量,在全国一刀切不允许再出现民办教师。但不少农村因贫困招不到公办老师或公办老师不愿去,所以这些空缺仍需临

---

① 改编自傅剑锋:《代课教师艰辛执著震动人心》,http://www.infzm.com/contents/33099。

时教师来填补，他们转而被称为"代课教师"。

早在新中国成立之初，国家鼓励集体兴办学校，就出现了民办或代课教师这个群体。在20世纪70年代末全国有700万左右民办教师，他们为了国家的教育事业做出了巨大贡献。自80年代中期开始，教育部开始采取民办教师转公办教师或者清退不合格民师等多种方式，推进民办或代课教师的清退工作。进入新世纪以来东中部地区的民办教师几乎已不复存在，但在偏远的西部地区，依然有一个庞大的"民办教师"群体存在。

2005年，甘肃省渭源县委副书记李迎新在其《渭源县代课教师状况调研》的调研报告中对渭源县代课教师收入作出真实描述：渭源县有600余名乡村代课教师每月仅拿着40元到80元不等的工资。每月拿40元工资的又占了代课教师的70%，部分代课教师这样的工资已经拿了20年。

"最老"的代课教师

北寨镇张家堡小学代课教师王政明是其中的典型代表。张家堡小学的七八个老师中有一半是代课老师，王政明是这些代课教师中最老的一位，62岁，一脸皱纹，背也驼了，朴实得像个老农民。王政明刚从教时，学校四周常有狼群出没。他白天教书，晚上守校，闲时务农，公办老师来了又去，唯有他二十多年如一日。直到1984年学校又分来了几个公办教师，作为民办教师的王政明被辞退。1985年教师不够时又被召回，他的工龄也只能从这一年重新算起，这就是他后来没有被转正的原因。这一干又是20年，这20年他一直拿着40元/月的工资。

这点工资使他在八九十年代供两个儿子上大学时变得很艰难，只有靠家里的农地收入。20多亩地都交给了老婆。"我因为要教书，许多应该男人干的活只能让这个苦命女人来干，女儿为了帮忙也辍学了。"王政明说起这些热泪盈眶，但他认为这一生的坚持是对的，因为这辈子他教出了76个大学生。他认为教书已成为生命的一部分："寒暑假时不用来学校，我心里就会空空的，非要来学校转几圈才踏实。"

梦想拿到300元

代课教师大都说着这样一句话：发工资的那天是他们最难受的一天。看到公办教师千儿八百地领工资，属于他们的那份，仅仅是人家的零头，谁也不想去领，直等到会计把钱送到手里。他们说，那种滋味简直叫人难以忍受。

李迎新因此在报告中沉痛地写道："走进任何一个村子，假如村子里有代课教师，那他准是村子里最穷的人。"

年近四十的代课教师李建新是渭源县会川镇罗家磨村福和希望小学的代课教师，该校的代课教师也占了全校教师的近半。李建新1984年9月成为罗家磨村的民办教师，但因故未被转正。因此，尽管渭源县有20年教龄的公办教师已能拿到1200元/月以上，但他这个代课教师的工资仍一直是40元/月。直到前两年他考取了大专文凭，工资才被升到80元/月。

现在他正在上中学的一对儿女，年学费共达3000元，而他80元/月的工资即使不吃不喝，一年也只能攒960元，因此学费主要靠12亩地勉强供养。"已经十多年没有给两个孩子买过哪怕是一件新衣了。"李建新含着泪说。他记得只在女儿5岁时花5元给她买过一条裙子，在儿子6岁时花3元给他买过一顶军帽，此后他们的衣服都是希望工程捐助的旧衣服，现在住校的儿子生活费每星期只有6元。但儿子非常给李建新争气，曾获全国初中生化学竞赛甘肃赛区第一名，上了高中后也从未下过全校前三名。李建新对此却又高兴又悲伤："儿子一定能考上清华北大的，但如果考上了，钱从哪儿来？"

最后的代课教师被清退[①]

从2006年开始，按教育部的要求，全国44.8万代课教师被大量清退。渭源县自2006年开始大规模清退全县500多名代课教师。

但他们的付出并没有得到应有的回报。王政明，这个一辈子教书育人的代课教师，被清退后至今无一分钱补偿。这个六十多岁的老人，佝偻着背，语含悲凉："以前国家困难，咱无怨无悔，现在国家慢慢富强了，咱老了，被清退了。"

---

① 摘编自张悦：《最后的代课教师被清退"像打发叫花子一样"》，https：//www.chinanews.com/edu/jsyd/news/2008/01－10/1130019.shtml。

刘炳章比王政明略微幸运。一个月前，他拿到了这辈子由政府发给他的最大一笔钱，500元——那是他的清退费。

32岁的罗茹萍则是上课时被清退的。那天下午，校长推开教室的门说，"你出来一下"……之后两个星期，罗茹萍把自己关在家里。"就怕别人问起来，你今天怎么没去学校啊，人都是有自尊的，说不要就不要了，我有什么面目见人啊。"

她是会川镇河里庄小学的老师。这学期开学之后，她开摩托车骑山路时跌了一跤，心脏病复发。但是代课教师没有工伤保障，也没有病假。躺了两天之后她就坚持返校上课。现在，她终于有时间去兰州治病了，只是一直睡不好，"每天做梦都是给孩子们上课的画面"。

几百元的清退费还是这些代课教师讨说法争取来的。一次性清退费按照教龄长短——15年以上的800元，10—15年的600元，5—10年500元，5年以内300元。清退费类似于下岗工人的买断费，但只是后者零头的零头。而王政明被清退时，一分钱都没给。

甘肃乃至全国的很多地方都在像渭源县那样清退代课教师。除了重庆等少数地区，代课教师的不少优秀代表并没有被转为公办教师。他们有的被以微薄的清退费打发走，有的依旧以"临时工"身份坚守在农村基础教育第一线。

很多被清退的代课教师把最美的年华都奉献给了农村的孩子和农村的教育事业。由于这些被清退的教师多年奋战在教育岗位上，很多都患有不同程度的腰酸背痛、静脉曲张、颈椎病、呼吸疾病等教师职业病，这在他们的求职道路上又增加了一个很大的障碍。很多用人单位都不愿意要年龄大、体质不行的员工，所以对这些被清退的代课教师而言，他们的再就业道路相比其他人来说就艰难许多。此外，清退政策不仅仅给代课教师本身带来了问题，由此也对当地正常的教学秩序产生了一定影响，相关地区的辍学率也有回升趋势。

问题：

    1. 代课教师退出历史舞台是国家提高基础教育质量的必然要求。案例中以无偿或极低费用补偿的方式清退对代课教师将造成哪些方面影响？这种清退方式在哪些方面有违教育政策的人本伦理原则？

2. 在地方教育财政经费有限的情况下，如何执行清退代课教师政策才能更好地体现以人为本的伦理理念？

3. 如何认识与理解以人为本？如何在教育政策实践中遵循以人为本的伦理原则？

二、问题聚焦：以人为本的教育价值

代课教师是我国教育改革与发展过程的老话题，时至今日已逐步完成光荣使命，退出历史舞台。但是，当我们重新回顾特定历史时期清退代课教师这一特定政策时，上述案例所呈现的内容依然会让我们的内心受到巨大的冲击与触动。这种冲击与触动一方面来自于代课教师为了人民的教育事业，在极其微薄收入情况下的无私忘我奉献；另一方面则来自于"一刀切"的清退政策带给这些代课教师尊严、生活与未来的多重影响。面向未来，我们不希望看到这类政策的重演，这就意味着教育政策的制定与执行必须奠基在以人为本的伦理价值基础之上。

现代政策科学的创始人拉斯韦尔曾指出，政策科学是一门关心"社会中人的基本问题的学科"。一切公共政策都是服务人的，也都是由人来执行的，这就意味着在公共政策的制定与执行过程中必须遵循以人为本的基本理念与伦理诉求，坚持以人为本更是教育改革与教育政策选择的根本依据。

（一）以人为本，促进学生全面发展是教育实践的基本立足点

教育是育人的社会实践活动，这就要求教育者在育人过程中必须立足学生的身心发展规律与特征，基于学生的兴趣爱好禀赋，不断激发学生的积极性与主体性，才能更好地促进学生的健康与主动发展。如果在教育教学过程中，缺乏对于学生的尊重与关心、缺乏对于学生兴趣爱好的了解与熟悉，采取灌输填鸭、被动强制等方式，既影响到学生学习的积极性与兴趣性，更会对学生的幼小心灵与精神发展造成巨大创伤，严重影响到其健康与全面发展。

就此而言，以人为本，促进学生全面健康发展是学校教育实践的基本出发点与立足点，一切有违人本理念的教育举措都是不道德的。

（二）以人为本，满足人民的教育需求是教育改革发展的基本诉求

如果从个人意义上来说，以人为本促进学生的全面发展是一切教育活动的根本立足点，那么从群体意义而言，以人为本满足全体人民的教育需求则是国家教育改革与发展的基本诉求。众所周知，接受良好教育是现代化文明建设的基本要求，也是每个公民的基本人权。伴随着科技革命的迅猛推进与民主运动的普遍实践，现代国家均高度重视教育，坚持以人为本，积极满足民众教育需求成为各个国家教育改革与发展的基本诉求与重要趋势。

"人民性"是马克思主义最鲜明的理论品格。我们党领导中国教育发展，始终坚持以人民为中心，坚持教育为人民服务。毛泽东曾指出，我们共产党人区别于其他政党的一个显著标志，就是和最广大的人民群众取得最密切的联系。全心全意为人民服务，一刻也不脱离群众；一切从人民的利益出发。新中国成立初期，我国面临一穷二白、80%的人口是文盲和半文盲的情况，党中央及时提出"为工农服务"的方针，首先用主要的力量给工农以教育，通过学制改革，各级各类学校向工农及其子女敞开大门，在中国历史上首次将占人口最大多数的劳动者纳入教育体系。21世纪初，我国工业化和现代化建设步伐不断加快，城市支持农村、工业反哺农业成为教育均衡发展的社会经济基础，国家明确提出，把促进教育公平作为国家基本教育政策，面向全体人民，满足人民的教育需求成为国家基本的教育制度安排。党的十九大报告指出，要大力推进教育公平，努力让每个孩子都能享有公平而有质量的教育。就此而言，以人为本，面向全体人民的教育需求是教育改革与发展必须遵循与坚守的基本诉求。

（三）以人为本，优化教育管理是提升教育政策效益的基本保障

无论是宏观的教育政策实施，还是微观的教育活动的展开，都需要凭借特定教育组织的教育管理活动，如教育行政部门的教育管理、学校的教育教学管理等。教育组织中的教育主体是理性与情感、自我性与社会性的统一，这就意味着在教育管理活动中，既要关注教育主体的理性行动，也要注重教

育主体之间的情感认同与社会归属。这就要求在教育管理过程必须坚持以人为本，不断激发教育主体的主体性，加强主体之间的情感交流与群体归属感，不断提升主体的参与、成就与荣誉感，才能不断优化教育管理提升效果，才能不断提升教育政策的效益。就此而言，一项教育政策不仅要征询民众意愿把它制定好，还要在执行过程中充分尊重不同主体的情感与价值诉求，创造性地灵活执行，优化管理，以为教育政策的效益提供基本保障。

三、理论阐述：以人为本的思想内涵

（一）以人为本思想的历史演变

以人为本，是现代社会生活的价值基础与首要原则。以人为本的内涵十分丰富，在历史上以人为本的思想观念源远流长。

在汉语语境中，以人为本最早出现于《管子·霸言第二十三》："夫霸王之所始也，以人为本。本理则国固，本乱则国危。"此处，以人为本主要指以民为本，与"民惟邦本，本固邦宁""民为贵，社稷次之，君为轻"等表述类似，言明了在古代治国理政的过程要处理好君与民的关系，成为我国古代民本思想的重要源泉。

在现代语境中，以人为本更多源于西方的思想文化，与人道主义、人文主义密切关联，伴随着人类社会实践活动的发展而不断演变，在不同的历史时期，呈现出不同的内涵与意义。

西方以人为本的思想滥觞于古希腊时期。哲人普罗泰戈拉大胆提出"人是万物的尺度"这一哲学命题，不仅认为人是存在者存在的尺度，也是不存在者不存在的尺度，这一命题被认为是人本主义的最早宣言。苏格拉底虽然批判了"人是万物的尺度"这一观点，但是也推崇人的价值，努力将人类认识的中心从自然转向人自身，提出"美德即知识"，倡导通过理性思考追寻社会生活的善和正义。

从公元 5 世纪到公元 15 世纪左右，西方进入到中世纪时期，宗教神学被置于至高无上的地位，宗教思想与言论实现了对人的经验和理性的统治，宗

教对人性的束缚和压制空前绝后，神学的禁欲主义和经院的蒙昧主义横行。可以说，中世纪是迷信和无知弥漫的时代，人成为神的摹本和奴仆，神性主宰，压制人性。

伴随着 14 世纪文艺复兴新时期的到来，思想家们高举人文大旗，肯定人的价值，要求个性解放，赞美人的力量，颂扬人的理想，肯定现实世界，反对禁欲主义，痛斥经院哲学，否认教会和封建特权。文艺复兴时期颠覆了中世纪的世界轴心，实现了由上帝到人间、由神到人的转变。相应地，在教育领域也第一次响亮地提出教育以人为本的口号，教育的价值不是使人认识神、皈依上帝，而是帮助人发展自身固有的内在倾向，使人享受尘世生活的幸福。

启蒙运动时期，伏尔泰、卢梭、孟德斯鸠等思想家们继承和发展了文艺复兴时以人为本的思想，主张人的自由平等，崇尚理性和科学。康德作为启蒙思想的集大成者，振聋发聩地提出了"人以自身为目的"的著名论断："人，实则一切有理性者，所以存在，是由于自身是个目的，并不是只供这个或那个意志任意利用的工具；因此，无论人的行为是对自己的或是对其他有理性者的，在他的一切行为上，总要把人认为是目的"；[①] 并进一步指出，尊严是人的最高价值，"有个有价值的东西能被其他东西所代替，这是等价；与此相反，超越于一切价值之上，没有等价物可代替，才是尊严"。[②] 在教育领域中，以卢梭为代表的教育思想家更是倡导儿童中心与自然教育的主张。

贯穿于文艺复兴与启蒙运动中的人文主义有着鲜明的时代特征，其以人道主义和理性为内核，强调人的自我意识，重视人的价值，直指封建等级制度与宗教神学，逐步确立了人的主体地位。

伴随第一次蒸汽工业革命的爆发，人类社会的生产与生活形态发生了重大变化。资本主义科技理性的过度张扬引发了人的高度异化，人本主义思想的内涵形态发生了重要转变，开始与理性主义分道扬镳，并以非理性主义为

---

① 周辅成编：《西方伦理学名著选辑》（下卷），北京：商务印书馆，1987 年版，第 89 页。
② ［德］康德，苗力田译：《道德形而上学原理》，上海：上海人民出版社，1986 年版，第 87 页。

其代表形态。① 这一时期，以叔本华、克尔凯郭尔等为代表的哲学家们开始强调人的意志与情感、生命与本性，以批判传统哲学对于理性的过度关注。20世纪以后，在西方资本主义世界人的异化不断加剧的背景下，出现了以霍克海默、马尔库塞为代表的法兰克福学派，以萨特为代表的存在主义学派，他们不是简单地排斥科学和理性，而是力图将理性与非理性结合起来，更加关注人的自由、平等、尊严，以求得人的解放与更大的发展空间。

马克思继承以往思想家的优秀成果，科学地揭示了人的本质，更提出人的自由全面发展，在终极意义上论述了以人为本。在《关于费尔巴哈的提纲》中，马克思立足于历史唯物主义的观点第一次科学论述了人的本质命题，"人的本质不是单个人所固有的抽象物，在其现实性上，它是一切社会关系的总和"。② 继而马克思与恩格斯着眼于分工问题的考察，指出劳动分工造成人的畸形发展，并从社会关系与人的全面发展的内在联系出发，提出人的发展的三阶段论：第一阶段是"人的依赖关系"占统治地位的阶段，人身依附关系是各种社会关系的主要特征；第二阶段是"以物的依赖性"为基础的人的独立阶段，虽然实现了人对人依赖关系的解放，但物对人的统治和支配却把人全面异化了；第三阶段是"人的自由和全面发展"的阶段，在此阶段社会关系不再作为支配异己的力量来支配人，而是被置于人们的共同控制之下，个人进而获得全面而自由的发展。马克思、恩格斯在《共产党宣言》中指出，代替那存在着阶级和阶级对立的资产阶级旧社会的，将是这样一个联合体，在那里，每个人的自由发展是一切人的自由发展的条件。人的全面发展，是指人的各项素质与能力的全面提升与发展，自由发展，是指个体高度自觉、充分自由、平等和谐的发展。人的全面而自由的发展在终极意义上体现了以人为本的思想内涵。

我们国家历来重视人的价值与作用。毛泽东曾指出，世间一切事物中，人是第一个可宝贵的。改革开放以来，我国更加强调以人民为中心的发展思

---

① 张奎良：《"以人为本"的哲学意义》，《哲学研究》，2004年第5期，第11—16页。
② 《马克思恩格斯选集》（第1卷），北京：人民出版社，2012年版，第135页。

路，不断推进经济社会的繁荣发展。2003年，党的十六届三中全会通过的《中共中央关于完善社会主义市场经济体制若干问题的决定》明确提出科学发展观，即坚持以人为本，树立全面、协调、可持续的发展观，促进经济社会和人的全面发展。2007年，党的十七大报告专章论述了科学发展观，明确提出以人为本是科学发展的核心，要始终把实现好、维护好、发展好最广大人民的根本利益作为党和国家一切工作的出发点和落脚点，尊重人民主体地位，发挥人民首创精神，保障人民各项权益，走共同富裕道路，促进人的全面发展，做到发展为了人民、发展依靠人民、发展成果由人民共享。

(二) 以人为本的基本内涵

基于历史考察可以看出，以人为本的思想内涵在不同的历史时期有着不同的侧重点与内涵，在文艺复兴与启蒙时期是针对宗教神学的人道与理性，在资本主义时期是针对科技理性过度张扬的人文精神，还有面向未来促进个体的全面自由发展。

当今时代，以人为本不仅是现代社会生产生活的基本伦理遵循，也是政府制定与执行公共政策时必须坚守的伦理原则。教育政策是公共政策的重要类型与内容，更关涉着人的精神与价值活动，须臾离不开以人为本的伦理诉求。我们认为，可以从生存、发展、价值与终极四个层面理解以人为本的内涵。[①]

其一，在生存层面上，以人为本体现为要以人而非物作为世界的基础或出发点。

在人类思想发展史上，何者为世界的存在本源有不同的认识，物、心、神都曾被视为"本"，并演化为唯物、唯心、神学等诸多哲学流派。马克思在哲学上第一次将人真正置于"本"的地位，并将对人的理解建立在实践与感性活动基础上。正如马克思所言，实践是人的实践，人是实践的主体，没有生命主体的人的存在，就不会有人的实践；实践主体不仅认识世界，而且还根据自己的意志、价值、需求改造世界。这就意味着，在存在或本体的意义

---

① 张奎良：《"以人为本"的哲学意义》，《哲学研究》，2004年第5期，第11—16页。

上，是人而非物才是世界的基础，要以人作为社会实践的基本出发点。

在生存层面上，现代社会中的"以人为本"首先表现为依法保障人的基本权利与合法权益，如《世界人权宣言》规定，人人有权享有生命、自由和人身安全；任何人不得使为奴隶或奴役；任何人不得加以酷刑，或施以残忍的、不人道的或侮辱性待遇或刑罚等。这就是人之为人的基本权利，法律面前人人平等，并有权享受法律的平等保护，不受任何歧视等。

反映在教育领域中，就是要依法保障教育中的人的合法权益，包括学生基本的受教育的权利、教师的基本工资保障权益等。这是以人为本的价值取向最基本的要求。如果学生的受教育权不能得到保障，那么接受合适的教育、优质的教育、实现自我发展也无从谈起；如果教师的基本教育权、生存权不能得到保障，那么教师也不能安心执教，体验职业幸福也将无从谈起。因而，保障教育者和受教育者最基本的合法权益是以人为本最基本的底线要求。

其二，在发展层面上，以人为本体现为为人的成长发展提供有利条件，以促进个体的健康、幸福成长。

在生存或存在的意义上，生命、自由与人身安全体现为以人为本的底线要求，如果缺乏了这些基本要素，个体生命都不存在了，以人为本也就无从谈起了。但是，仅仅只有生命、自由与安全，对于个体而言还是远远不够的。立足于生存基础之上，在发展层面上，以人为本还体现为社会不断为个人的成长发展创造条件，提供资源，促进个体不断健康、幸福、持续地成长。

反映在教育领域，就意味着不仅要保障教育主体的基本教育权利与权益，对于学生而言，要积极创造条件，遵循教育规律，供给多样丰富的课程与资源，积极为学生提供适合其成长与发展的路径和机会，以促进学生不断取得进步，不断成长发展，不断提升自身的成就感、获得感；对于教师而言，则意味着积极为教师工作和学习提供更多资源与机会，不断促进教师专业成长，不断提升教师工作的使命感、获得感与幸福感。

其三，在价值层面上，以人为本体现为尊重人之为人的尊严与自由，要遵循人的价值与需求来决策和行动。

如果说在存在层面上，以人为本体现了人是世界之本，那么如何对待人这个"本"呢？这里面涉及两个基本问题：一是对待什么人为本，是所有人还是一部分人；二是对待人的哪些方面为本。

对于前者而言，在传统的等级社会，以人为本中的"人"只是少部分人，只有统治阶级与贵族自由民才能享受有"人"的资格；只有到了现代社会，伴随着民主观念与实践的推进，全体人民都享有"人"的资格，才真正实现了人民群众为本。对于后者而言，是人的神性，还是人的理性、尊严、自由呢？康德提出人本身就是目的的著名论断，人的尊严具有最高价值。在此意义上，《世界人权宣言》明确提出：人人生而自由，在尊严和权利上一律平等。除了尊严之外，人之为人还有一个重要的基本特征就是自由，人可以按照自己的意愿、自己的目的自主行动。但是自由并不意味着个人可以任意妄为，凌驾于他人之上，因此在自由面前，人人平等。

反映在教育领域中，在价值层面上，就是尊重师生主体的尊严与自由。对于作为受教育者的学生而言，他们有不受成人权威的压迫，运用理智自由学习并得到尊重的权利。每位学生由于先天和后天的种种因素都具有自己的禀赋特征，教育应促进人的这种个性发展，使每个人成为"他"（或"她"）自己，而不应磨灭个性，培养所谓合乎"标准的人才"，学校教育不应该是工厂流水线，按一个模式培养千人一面的标准学生。对于学生的学习与发展方式，在尊重其身心发展规律的基础上，也允许其以自己的方式进行学习发展。对于教师而言，其同样具有重要的教育尊严，不能通过学生成绩、绩效名次等就粗暴否定或抨击教师的尊严，学校和社会应该充分重视教师的尊严，充分尊重教师的教学机智和教育智慧，让教师成为令人羡慕的职业。

其四，在终极意义上，以人为本体现为要努力促进人的全面而自由的发展。

"本"不仅有本来、本源之意，还有着追求、理想之意。在终极意义上，以人为本还要体现为促进人的理想发展，即促进人的全面而自由的发展。马克思指出，人类社会发展分为三个阶段，分别是"人的依赖关系"占统治地位的阶段、"以物的依赖性"为基础的人的独立阶段和"人的自由和全面发展"的阶段。只有到了共产主义社会，物质生产资料极大丰富了，才能为人的全面自由发展奠定制度与物质基础，人才能真正依据自己的兴趣、爱好、意愿，促进自身素养的全面、健康、个性、自由发展，社会也才能全面进行，从而达致人与社会全面发展进步的和谐统一。

反映在教育领域中，在终极或理想意义上，以人为本就是充分尊重教育主体的意愿，尊重教育规律与人才培养规律，以学生为主体，以教师为主导，促进学生身心的全面发展、个性成长。教育最终是服务于学生的，对此也有研究者指出，在教育中，以人为本就是尊重和关爱学生的生命本性，就是培养学生丰富多彩的社会属性与个性，就是关注学生的全面持续发展。①

2010年，《国家中长期教育改革和发展规划纲要（2010—2020年）》提出了20字方针：优先发展、育人为本、改革创新、促进公平、提高质量。其中，明确把"育人为本"作为教育工作的根本要求。坚持育人为本，就是要以学生为主体，以教师为主导，充分发挥学生的主动性，把促进学生健康成长作为学校一切工作的出发点和落脚点；就是关心每个学生，促进每个学生主动地、生动活泼地发展，尊重教育规律和学生身心发展规律，为每个学生提供适合的教育；就是努力培养造就数以亿计的高素质劳动者、数以千万计的专门人才和一大批拔尖创新人才。

四、案例分析

（一）清退代课教师的政策演变

一般来说，代课教师是指20世纪80年代实行"民转公"政策之后，在基础教育阶段由直接聘任的学校支付劳动报酬，长期（半年以上）从事教学工作，在国家正式教师编制之外的非正式人员。②

20世纪末，为了提升与保障基础教育质量，政府多次提出了清退代课教师的要求。2001年，国务院在《关于基础教育改革与发展的决定》中首次提

---

① 姚姿如、杨兆生：《"以人为本"教育理念的意蕴》，《教育研究》，2011年第3期，第17页。
② 岳伟、刘柳迪：《关于代课教师清退政策的理性分析》，《中国教师》，2012年第15期。

出清退代课教师,要求"坚决辞退不具备教师资格的人员,逐步清退代课教师"。随后全国各地方政府纷纷出台政策要求清退代课教师。2005年,教育部召开新闻发布会指出,我国将逐步取消代课教师,全面推行农村的教师聘任制,积极引导和鼓励教师和其他具备教师资格的人员到乡村任教;2006年,教育部进一步指出,代课教师是以不合法的形式或者不合规的形式存在的,将采取措施把目前余下的44.9万中小学代课人员全部清退。可以看出,国家不再承认代课教师的合法身份,而以代课人员代称。随后,全国多地纷纷推进清退政策,"边清边聘""一刀切"等缺乏人文关怀的执行方式层出不穷,出现了被清退的代课教师没有得到合理安置的状况。其中,媒体报道了甘肃省渭源县自2006年开始大规模清退500多名代课教师的事件,被清退教师只拿到了300到800元不等的补偿。类似渭源县这样通过发放少量补偿金全面清退代课教师的做法屡见不鲜,让代课教师不知何去何从。

事件一经媒体报道,引发社会各界普遍关注。在多种力量的关注和协商下,2010年教育部在新闻通气会上指出,一方面,要严格禁止聘用新的代课人员,另一方面,由于代课教师产生原因非常复杂,教育部并未确定2010年是清退全部代课教师的最后期限,对还在岗的代课人员,要按照以人为本、政府统筹、坚持标准、有进有出、积极稳妥、标本兼治的思路,把妥善解决在岗代课人员问题与建立完善教师正常补充机制结合起来,将择优招聘、辞退补偿、纳入社保等政策措施统筹考虑。

(二)代课教师清退政策缺乏人本关怀

从对代课教师清退政策的历程梳理中可以看出,早先的清退政策刚性、粗暴,缺乏对代课教师的人本考量,具体体现在以下方面。

其一,在生存层面上,清退政策缺乏对于代课教师基本生存权益的保障。代课教师在三尺讲台上奉献了大半辈子,年老体衰,清退之后失去唯一的收入来源,且清退补偿金非常低,远远无法保障后续正常生活。以案例中的甘肃渭源县为例,15年以上的清退补偿800元,10—15年的600元,5—10年的500元,5年以内300元。300元至800元的经济补偿实在太低,如何支撑起缺乏其他收入来源的代课教师的基本生活?清退政策缺乏对于代课教师基本生存权益的考量与保障，既引发社会的普遍关注，也令代课教师们心寒。

其二，在发展层面上，清退政策缺乏对于代课教师再就业的技能培训与岗位供给。案例中的代课教师大多居于偏僻山区，条件恶劣，由于长期从事教育教学工作，缺乏其他职业技能技术，因而在清退后面临着无法再就业的困境。清退政策没有为他们提供其他岗位选择，在发展意义上缺乏对代课教师未来再就业的考量。即使部分地区出了各式各样的转正招聘考试，但是与代课教师竞争应聘这些岗位的往往是应届毕业的大学生，很多代课教师反映与刚毕业的大学生放在一起参加招聘考试，无论从记忆力还是从年龄、应试上来说，明显处于劣势，力不从心，很难脱颖而出，就此而言，也缺乏对代课教师转正招聘的辅导照顾，缺乏对代课教师的发展关怀。

其三，在价值层面上，清退政策的执行缺乏对代课教师作为人或教师的尊严的尊重。教师是人类灵魂的工程师，具有较高的社会声誉，中国自古以来就有尊师重教的光荣传统。地方政府在执行时首先考虑的是在规定的时间内完成清退的指标任务，但代课教师作为有文化之士，有着作为人尤其是作为神圣教师的特殊尊严。案例中指出，发工资是代课教师最难受的一天，为什么？就是因为他们干着与公办教师一样的工作，却领着别人零头的工资，这是对于人的尊严、对于教师尊严的一种不公正待遇。此外，案例中还提到32岁的罗茹萍被清退后，把自己关在家里。为什么把自己关在家里？就是因为这种清退不是因为自身工作出了问题，而是说不要就不要了，使得当事人的自尊心受到极大的打击，不愿见人。

此外，部分地区因为代课教师被一股脑清退，导致儿童失去上学机会，辍学率上升，引发新的教育公平问题。

五、政策建议

代课教师是特定历史时期教育的产物，虽然其专业化的知识水平、资格证书等方面存在诸多不足，但是其甘于清贫、扎根贫困之地，为偏远地区的农村教育发展、为改变农村孩子的求学命运做出巨大贡献。简单的"一刀切"

的清退政策，既罔顾、否认了代课教师的重要贡献，也缺乏对于代课教师的人本考量与人文关怀。从人本伦理视角出发，对清退代课教师提出如下政策建议。

（一）积极安置符合教师资格的代课教师转正

1. 将优秀代课教师纳入正式编制

一方面，积极推进优秀代课教师的转正工作。代课教师队伍中不乏合格甚至优秀人才。基于农村地区特别是贫困、偏远地区的生活环境与教育需要的实际情况，可以每年安排部分编制，专门面向在教育教学中兢兢业业、取得大专及以上学历和教师资格证的优秀代课教师，积极推进其转正工作；在招聘新教师时，在同等条件下可以优先考虑聘用工作多年、成绩优秀的代课教师。这对于代课教师而言既是对其多年工作业绩的肯定与鼓励，也是转正过程中对他们的优先照顾。

另一方面，要根据教师工作表现与成绩，对代课教师和正式教师一视同仁、公正评价。对于教学经验丰富、教学方法灵活、教育思想创新、考评成绩优秀的代课教师，要积极肯定，在转正或晋升中给予优先推荐；对于教育教学质量低下、考评成绩较差的老师，无论是代课教师还是公办教师，可以给予警告、转岗乃至辞退的举措。在学校内部形成一种积极的氛围，唯能力而不唯编制，建立健全代课教师证明自身工作成效的机会平台，尊重教育劳动，不能因为编制就给予代课教师与公办教师不同待遇，造成事实上对代课教师的歧视性对待。

2. 采用灵活方式聘用符合条件的代课教师

除了正式编制之外，还可以采用人事代理、合同聘用等多种方式，逐步有序清退代课教师，而不是"一刀切"、在规定时间令代课教师必须离开任教岗位。考虑到地方政府人事编制资源的稀缺，在对代课教师进行综合考核后，对于合格的教师采用灵活方式聘用管理。在聘用管理过程中，要依据相关劳动与教育法律，对聘用代课教师的劳动期限、劳动保护和劳动条件、工作内容、合同终止、劳动报酬、劳动纪律、违反劳动合同的责任等内容进行明确规定；对于在特别偏远、贫困地区的聘用制教师应适当给予一定补偿，相关补偿经费县级财政无法支付的,可以考虑由省级或中央财政以转移支付方式划拨。灵活聘用方式,一方面可以尽量缓解由清退政策带给代课教师的人心不稳与心理恐慌,另一方面也给代课教师转编或转岗提供一定的缓冲时间,尽量减少对于地方基础教育的消极影响。

3. 加大对代课教师的在职培训

代课教师自身素养水平如何,直接影响着任教质量。要积极创造条件,加强对于代课教师的在职培训,不断提升代课教师群体的教育教学水平与专业素质。代课教师在岗期间应享有与公办教师同等的教育培训机会,各省、市、县教育行政部门应加大相应财政投入,将代课教师在职培训和提高纳入当地的教师培训计划,将代课教师的培训经费列入政府财政经费预算,通过观摩、专家讲座、研讨及城乡教师交流、帮扶等多种培训方式,提高代课教师的教育素质和教学水平,充分挖掘和培养其中有用人才,使代课教师不断更新教育理念和方法,不断提升自身教育教学水平,以更快达到合格教师的资质水平。这也是对他们最好的人本关怀。

(二)妥善安置离岗教师

1. 承认代课教师身份,加强人文关怀与合理补偿

代课教师作为一种特殊的师资过渡形态,为我国农村地区尤其是条件艰苦的贫困、边远地区的义务教育事业做出了巨大贡献。他们中的许多人不计名利,不图享受,为了孩子们的求知学习,付出一生心血。应尊重代课教师的教师身份,积极建立健全弱势补偿与关爱机制,在辞退奉献一生、年老力弱,确实不适合从事教师工作的代课教师时,应从地方与社会发展角度充分尊重他们的奉献与尊严,应给予他们积极的人文关爱与关怀,要使他们光荣、自豪离校,努力推进代课教师对于清退政策的理解与认同。在充分肯定代课教师历史贡献的同时,也要积极加强对被清退代课教师的合理补偿。国家与地方政府要综合评估代课教师从教期间的教学成绩、育人成就、待遇状况、健康情况,建立健全合理的补偿标准,积极提供与代课教师历史贡献相匹配的经济与精神补偿,中央与地方财政应拨出专款,专门用于代课教师的补偿费用支出,避免因补偿过低给代课教师带来二次伤害。

2. 积极谋划被清退代课教师的未来出路

清退政策未对代课教师的未来给出明确的谋划，这是该政策在实施中受到抵制的重要因素。因此，要积极筹划被清退代课教师的可能出路，消解代课教师对未来生活的焦虑。这就要求地方政府部门要积极调研，摸清代课教师生活境况以及被清退后的可能遭遇，要坚持以人为本，区别对待。对那些无法通过招考转正且又未达到退休年龄的代课教师，地方教育行政部门可以积极联合相关劳动部门，为其再就业或创业提供机会；对那些已经达到退休年龄的代课教师，政府提供适当的社会保障与社会保险，最大可能考虑代课教师最基本的生活保障，优先将其纳入社保体系当中，尽量保障他们老有所养、病有所医，使他们不为自己的生活感到特别无助与困难。在此过程中，要杜绝人情关系、不正之风，公正保障那些最应该受到照顾的代课教师受到优先考虑。

（三）完善配套政策保障偏远地区教育正常运行

教育是一个系统工程，代课教师是其中非常重要的因素。从清退政策的角度来看，似乎只涉及代课教师本人，但实际关系到代课教师所在学校教育教学工作能否正常开展。现实的清退政策实施中就出现了代课教师离校之后无人上课的状况。这就要求，要着眼于偏远地区学校教育的正常运行，积极完善清退政策的配套保障，使代课教师离校之后，有新教师无缝衔接，不影响孩子们的学习成长。考虑到农村偏远与贫困地区学校教育的现实状况，一方面要加大财政投入，改善农村硬件条件，包括学校设施、交通和医疗条件等；另一方面，建立中央及省级的义务教育转移支付制度，由国家设立专项资金，真正落实与提高农村偏远地区的教师待遇，真正改变农村教师流失与不稳定状况，让农村教师成为令人羡慕的职业。

"以人为本"深刻反映了教育为人的属性特征与伦理诉求。尤其是对于关注大量教师、学生群体的教育政策而言，须臾也离不开对人的关心、关怀和关爱。在教育政策中落实以人为本，不能仅仅只停留在口号、理念上，而应转化为切实的举措办法，可以从生存、发展、价值与终极等多个层面不断创造条件，保障与促进学生的全面发展、教师的幸福从教，唯其如此，才能真正办成让学生、教师与家长共同满意的教育。

六、拓展案例

高校青年教师正陷入一种群体焦虑，他们在网络上自嘲为"青椒"，职业压力巨大，面临激烈竞争。绩效困境的背后，真正的问题是知识的创新和生产究竟需要何种制度保证。

"青椒"之惑：高校教师绩效困境[①]

考核关卡

"看到自己的论文绩效分数，有一种主动转岗的冲动。"年关难过，但对于在Z大学人文社会科学专业执教的王琼（化名）来说，难过的不只是年关。不同名目的经费分别会对绩效进行统计和奖励，随之而来的还有一个坏消息，她有一篇论文年初被某中文集刊接收了，但出版社通知从这一期开始压缩版面，需要砍掉一些文章，如果不想等待，建议另投其他期刊。

考核结束，每个人的各项数据都会在全大学公示。种种标准中，论文和课题才是硬通货。王琼感到压力颇大。这两年，她"没有一天是闲着的"，但研究不等同于有论文发表，由于论文数量上不去，她已经丢掉了一些头衔和补贴。在一次评审中，有教授直截了当地说："你写的东西对学校的GDP没用。"

不止一次，焦虑让王琼夜不能寐。受困扰的不止她一个，王琼观察身边的高校老师："失眠的、焦虑的、一见面就相互叹气的，还是蛮普遍的现象。"她的一个朋友在某985学校任职，前段时间该校领导提醒导师要给学生减压，有部分导师回应："给学生压力，学生跳楼；不给学生压力，青年教师跳楼。""就现在这个考核环境，不靠研究生出论文，还能有啥更好的办法？"

[①] 改编自徐菁菁：《"青椒"之惑：高校教师绩效困境》，https://www.lifeweek.com.cn/article/123043。

近两年，在网络上，高校青年教师对自身窘境的吐槽越来越多，他们自嘲为"青椒"，以此消解外界对这一职业的想象。去年，《国家治理》周刊刊发了一项对高校青年教师群体（45 岁以下）的调查，结果显示，"职称评定"和"发表论文"是高校青年教师群体的主要压力来源。接受调查的 3000 余人中，超半数受访者（57.16%）明确表示自己的工作状态基本达到"996"，有 12.22% 的受访者表示自己的工作状态已经不止"996"了。

"非升即走"的逻辑与困境

王琼的压力还不算最大，她是"上了岸的人"，被评上了副教授。她所在大学进行了人事制度改革，取消"铁饭碗"，推行预聘—长聘制。新入职的教师必须先接受预聘岗位的考验。预聘岗位的聘期为 3 年，最多只能签订两次合同（3＋3）。如果被聘者在这两个聘期内没有能够完成晋升（如从助理教授升为副教授），则自动解除聘用关系。

青年教师们常用一个更直截了当的说法："非升即走。"它彰显着这套制度的残酷性：读完博士或者博士后，你在 30 岁甚至更晚的年龄才真正开始职业生涯，然而到了 35 岁左右，你就已经开始面临失业的压力了。2014 年，清华大学和北京大学在国内率先全面推行"非升即走"，随后全国许多高校陆续开始了改革。眼看 6 年将毕，在绝大多数高校里，有多少人能"升"上去还是个未知数。高校圈广为流传的一组数字是：武汉大学 2015 年启动聘期制教师选聘工作，2018 年底首聘期到期的共 69 人，通过个人申报、业绩展示、学院审核、学部专家组评审和学校审定，正式申报的 48 人中（含 42 名聘期制教师），只有 6 人被直接聘任为固定教职副教授。

想要冲出重围，顺利"上岸"，一切都要为绩效让步。当同龄人忙于成家立业的时候，"青椒"往往只能二选一。王琼认识的助理教授里没有几个人选择在预聘期要孩子，男女老师都一样。"少数几个生了娃的女老师基本都在当甩手妈妈，全靠老人，能不着家就不着家。"

在最近刊发的论文里，上海交通大学国际与公共事务学院副教授沈洋和澳大利亚新南威尔士大学教授李秉勤针对高校女教师做了一项调查，仅有 17.3% 的被调查者对"非升即走"制度持支持态度，将近一半的人表示反对。

签订"非升即走"合同的女教师中，有61%的人表示压力非常大。

"非升即走"的反对者认为，这项制度会削弱大学对高端人才的吸引力，使人才流向企事业单位。但对中国高校而言，与企事业单位进行人才竞争并非当务之急。

武汉大学社会学院院长贺雪峰认可在高校引入淘汰机制。他告诉我："在高校待了20多年，我看到了太多青年教师因为没有工作上的考核要求，入职以后就开始集中精力忙私事：买房安家、生儿育女。等这些事情安顿好，六七年时间过去了。一个人如果没能在职业生涯的头几年找到学术研究的状态，未来想再回到这个领域是非常困难的，于是许多人就成了'终身讲师'，快退休之前，再找关系想办法发点论文，评一个副教授。用淘汰制来促使青年教师做研究，证明自己的能力不是一件坏事。"

"终身教职制度"（Tenure-Track）源于美国，是指获得终身教职的教员只要不出现学术腐败、犯罪等情况，学校就不得将他们开除，这保证了知识创造的充分自由。但是，"终身"的前提是考核与淘汰。20世纪60年代，"终身教职制度"被全美普遍接受，并在世界范围内推广开来。一般来讲，一个助理教授（assistant professor，终身教职制度序列的最低等级）在聘期内要通过科研、教学、社会服务的综合评定才可以晋升副教授，获得终身教职。

"'终身教职'在美国有一套配套制度，我们并没有学过来。"北大教育学院副教授沈文钦说。美国高校招聘终身教职序列的助理教授会非常审慎，一旦决定聘用一位教师，就希望能够将他培养出来。学校会给新教师配备一个大致由三名导师组成的指导委员会，对他的学术研究进行指导。美国有学术休假制度，允许教师在几年工作后休假一年，不必承担任何教学任务。这一年的时间可以用来进行研究上的攻坚。另外，美国高校会提供配套支持，减轻教师负担，比如有助教帮助完成授课、有秘书处理行政上的杂事，已经拿到终身教职的教师往往会承担更多的教学任务和行政服务。

2015年，34岁的李岩（化名）从日本回国，在南方一所985学校S大学以博士后身份找到了一份合同期3年的专职研究员工作。在她所在的学院，有十几位专职研究员和她同时入职，都有光鲜的履历，大家都希望能够拿到这所大学的长聘教职。然而事实上，专职研究员的岗位要求非常苛刻，他们在聘期结束后要和预聘—长聘序列的老师一起竞争副教授。"这意味着你要用3年的成果和别人6年的成果拼。"3年后，包括李岩在内，绝大多数人都走向了失业和再就业。

S大学的这项制度在青年教师群里引起过不小的争议。离职后，李岩再到日本，并在排名前十的一所大学找到了教职。李岩说，回头看，其实他们这批专职研究员都拿着3年里拼出来的成果找到了不错的下家，有些直接就在其他院校成了副教授，但是"心理落差是非常大的，直到现在也还有"。

被量化的科研

在高校教师这个池子里，入场的人越来越多，自然水涨船高。一个"非升即走"中的朋友告诉王琼，奋斗了3年，"三观碎了"，决定退出了：他听说自己的一位师姐手握十余篇外文学术期刊论文，其中包含数篇一区论文（注：期刊按照影响因子高低依次划分为四个区域），依然评不上副教授。"每个人都会在入职时给自己设立一个目标，预期这个目标能让自己'上岸'，可是每一年都会发现，三五年之后，'上岸'的要求提高了，你好像永远追不上标准的变化。"

沈文钦在调查中发现，2019年，华东地区某211高校正高级职称的评定标准已经与2014年尚在实行的华东某985高校正高级职称的评定标准基本持平，甚至还要更高。也就是说，理论上在2014年可以评上985高校教授职称的人放到今天，已经未必能够评上211高校的教授了。

水涨船高背后真正的争议在于标准的合理性。目前在我国高校，量化指标是晋升最重要的依据。简单来说，论文数量压倒一切。从S大学离职进入日本大学执教的第一年，李岩"不自觉地延续了过去3年的习惯，总想多发一点论文"。有一天她突然被人提点："论文发得多但是质量差，在日本是很败坏名声的事情，未来可能带来无尽的麻烦。"李岩心头一激灵。她逐渐发现两个学术评价体系的差别：从前在国内，老师们发论文是很高调的，"院长会在微信群里公开表彰"，"可是至于文章写了什么内容，谁会去仔细看呢？"在日本，学者们发论文却很低调，"你会很忐忑，因为你的同事都会读，看你到底研究出了什么"。

在美国顶尖的研究型大学，招聘新教师和晋升都没有明确的量化标准和文章数量要求，起决定性作用的是同行评议。根据2012—2013年哈佛文理学院的《招聘与晋升手册》，在晋升终身教职时，候选人所在的学系需要联系12—15位同行对其进行评价。同时，学系会列出4—5位申请人所在领域具有顶尖学术水平的不在哈佛任教的同行学者名单，供评议人比较。这些供比较的学者既包括刚刚获得终身教职的学者，也包括那些本领域最有影响的学者，比较的目的在于真正确定候选人在整个学术领域的地位以及未来的发展空间。同行评议比论文数量等量化指标更能体现一个学者的真实水平是国际学术界的共识，但在国内，同行评议显得水土不服。

"钻空子"与"补窗子"

重赏与重压之下，研究的价值本身往往已经不重要了。李岩记得，刚到S大学的时候，她天真地想多学一些东西，找到终身的研究兴趣。但她很快就发现，如何达到绩效考核要求成了占据她头脑的唯一问题。"考核具体到一年发多少篇文章，年年考核。我记得当时曾和同事讨论：做研究不等于写论文，如果第一年没有发表，成果都攒在了第二年那应该怎么算？"质疑归质疑，规则破不了。"为了凑够数量，我只能绞尽脑汁把从前在日本做过的研究翻出来，拆分成几篇东西。"

王琼所在的Z大学属于人文社会科学学科，有很强的交叉性，近年来大学招收了大量跨专业的老师。有些老师的背景格外吃香，因为他们的学科和当下的热门领域相关，抓得住学术热点。而且由于学科交叉，他们可以在不同类别的刊物上发文章。

研究成果一旦量化衡量，总有空子可钻。不久以前，在U.S. News最新发布的2021年世界大学学科排名（中国内地高校）数学排名榜上，人们赫然发现，曲阜师范大学和山东科技大学在国内排名第1和第3，世界排名第19和第24，力压北京大学、清华大学。其原因就在于在U.S. News的指标体系内，文献和科研占比75%。曲阜师范大学数学学科指标明细显示，其排名是被引用影响力、论文总引用次数等数据拉上去的。

瓶颈难破

对于青年教师而言，要追逐的不仅是更高的职称，还要在有限的时间内竞争一个又一个头衔：国家青年基金申请女35周岁、男40周岁截止；青年千人计划申请40周岁截止；国家优秀青年基金申请男38周岁、女40周岁截止；万人计划青年拔尖人才自然科学、工程领域申请男35周岁、女37周岁截止，哲学社会科学、文化艺术领域申请男38周岁、女40周岁截止；青年长江学者评选自然科学、工程领域申请38周岁截止，人文社会科学申请45周岁截止；国家杰出青年基金申请45周岁截止。

沈文钦告诉我，带有明确年龄要求的人才项目的初衷是让青年学者得以在过去僵化的体制中冒出来，但后来它也产生了"非意图后果"。人才项目同时分配学术资源与学术声誉，入选者借此可以分配相当数量的科研经费、津贴甚至是大学教职或职称。绝大多数高校专门针对各类人才项目的入选者制定了相应的薪酬水平与科研经费，甚至还配套了博士生指标与博士后名额，这意味着他们能够在下一步的竞争中获得进一步的优势。在理工科领域，这种马太效应尤其明显。在一次访谈里，南京大学一位教授告诉沈文钦，大家都在踩着点跑步前进，你只要错过了一个点，那就意味着更高的荣誉你就拿不到了。

赢者通吃的结果是激励一小部分人，打击一大部分人。沈文钦观察，在高度依赖各种科研资源（研究经费、实验室空间、博士生数量等）来开展研究的院系中，有些老师在刚入职的时候非常拼命，"一旦过了某个阶段，没有通过某种筛选，就'佛系'了。因为他没有资源，提前出局了"。

王琼有一种感觉，教师们的焦虑正在传导给学生。"老师们上课的时候会忍不住吐槽，生存压力大，心思也就不在教学上了。学生看着老师怎么安排时间，看得清清楚楚，因此变得更精明。""博士生们从一年级开始就广泛研究国内的各个他们看得上的高校，看看哪个学院容易进人，至于研究方向对不对口根本不重要。还有人会精准定位，研究各高校之间的实力变化，确定自己将来要站在哪所学校的哪个位子。"有些研究生在读研期间就开始攒论文，希望老师能够带着自己"出成果"。有时候，被学生"鸡"急了，王琼想，今后招生时得先说清楚：老师没有那个精力和资源能保证帮你攒出光鲜的履历。

问题：

1. 当前高校改革中注重绩效考核，尤其注重科研绩效考核，对高校尤其是青年教师的教学、科研与生活产生了重要影响。这种绩效考核改革体现了以人为本的理念了吗？为什么？

2. 西方"终身教职"改革是否体现以人为本的理念？"非升即走"或"终身教职"改革在国内高校引发了较大争议，你支持"非升即走"或"终身教职"改革吗？为什么？

3. 对高校青年教师而言，要追逐的不仅是更高的职称，还要在有限的时间内竞争一个又一个头衔，引发了群体性的科研焦虑。在以人为本的理念下如何优化与改进高校绩效评估举措，才能使高校的"青椒"们回归到教学、科研与育人的正常生态？

第五章　教育政策的利益"博弈"

利益是人类行为的重要动因之一。马克思曾指出，人们所奋斗争取的一切，都同他们的利益相关。在利益资源稀缺的情况下，社会个体或群体会采取多种方式介入到利益追逐之中。在此过程中，社会个体或群体的利益博弈或纷争就会纷至沓来，有时甚至还会采取极端或暴力的方式。公共政策作为政府部门对全社会价值的权威性分配，直接关系每位社会成员的利益满足与资源享有。伴随着改革开放与市场经济的深化推进，我国社会主体的利益诉求显著分化，而教育成为社会主体追逐的重要利益内容之一。在此背景下，教育政策成为社会利益的重要调节器，社会民众对于教育政策的利益博弈也从幕后走向前台。面对社会民众的教育利益诉求，如何化解多元主体的利益矛盾，维护和增进公共教育利益，迫在眉睫，势在必行。

一、案例描述：上海人与外地人激辩异地高考[①]

2012年，党的十八大报告第七部分"在改善民生和创新管理中加强社会建设"的第一条就是"努力办好人民满意的教育"，其中明确提出"大力促进教育公平"。多位党的十八大代表在讨论时提出，当前推进教育公平的难点主要表现在教育资源分配不公、受教育机会不均等，从人民群众关注的热点难

[①] 参考资料包括《上海人与外地人激辩异地高考》，http://style.sina.com.cn/news/p/2012-12-06/0738110967.shtml；敖成兵：《大沽路"约辩"事件背后的教育利益博弈检视》，《当代青年研究》，2014年第5期，第47—52页。

点看，主要表现在择校、异地高考等方面。

2012年8月底，国务院办公厅转发教育部等四部委《关于做好进城务工人员随迁子女接受义务教育后在当地参加升学考试工作的意见》，要求年底前，31个省（市、自治区）要因地制宜出台各地的异地高考具体政策。

推进教育公平必然触及不同群体的利益，如何调整这些利益，争取不同群体之间的最大接受度、融合度，是教育改革能否顺利进行的关键。推进这项工作必然会有一个探索的过程，慢不得，也急不得。这是任何一项成功改革所证明的规律。在教育部等四部委提出各地要制定异地高考具体政策后，2012年10月下旬出现在上海大沽路的不同群体间的争辩一幕，表明推进教育公平不会是一道简答题。

大沽路"约辩"事件

2012年10月25日，上海大沽路上出现戏剧性的一幕。

一方是以占海特的父亲占全喜为代表的"上海教育公平维权者联盟"，另一方是一群由上海本地人组成的反对开放异地考权的"守沪者联盟"。对峙双方各自打出不同的标语，"上海教育公平维权者联盟"亮出的标语有"教育歧视天理不容""教育公平正义必胜""要读高中"等等；而"守沪者联盟"打出的口号有"反对开放异地高考""维护上海市民合法权益""蝗虫滚出上海"等等。

或许你会疑问：占海特是谁？她的父亲为何聚众"约辩"呢？其实占海特是在上海某中学读书的初三女生，5岁即随父亲在沪生活，因为全家都没有上海本市户籍，初中毕业后就面临着要么回江西老家中考要么在上海失学的两难困境。情急无奈之下，占海特通过网络公辩维权，反对教育歧视，申述自己要求在上海参加中考的心愿和诉求，并鼓动父亲和其他与占家有相同境遇的人一道去申辩和维权。10月25日，"上海教育公平维权者联盟"在去上海市教育局信访办申诉时，遭遇一群具有上海本地户籍人士的反对和抵制，于是便上演了我们前面所见到的双方对峙的一幕。

在网络的视频上，情急之下，占全喜一把将女儿占海特拉到身边，略带江西口音，振臂高呼："我们才是真正上海人，代表着上海的未来！"视频上被注释为"异闹头目"的他还做了"V"字手势。

他身后是一些戴着墨镜、口罩的男子，双手举着标语："抵制开放异地高考，维护上海人合法权益"。

"他算上海人吗？"人声喧哗。"你代表什么，你代表你全家！"台阶下一犀利女声穿透人群。

后来占全喜向《瞭望东方周刊》解释说："我认出对方一个网友，想找他辩论，他说跟你有啥好说的。好多人高喊：'蝗虫滚出上海！上海不需要外地蝗虫。'于是我就回应我是上海人、新上海人。我们没有拍摄视频，结果对方截取的视频只剩下我在高喊口号。"

1分19秒的口号与喧闹，这段在网上广为流传的视频结尾，再次以一张"反对异地高考，维护上海市民合法权益"的纸张标语结束。

终于到来的异地高考，被称为是"教育平权"的一个体现，但这也给这座城市带来利益攸关方的心灵震荡。

网络上的不同意见

"约辩是由占海特发起的，而她本身是未成年人，我们并未响应参与所谓的约辩。大沽路100号教育信访面向市民开放，当天我们是正常信访。"这一天在新浪微博直播的网友Midiya——一位70后的上海女市民告诉《瞭望东方周刊》。

数月来，上海网友针对异地高考的争论，其受关注度已溢出了上海。从平等自由之辩到污言秽语，遍布上海本地论坛"KDS""申花吧"及各个微博，颇引外界眼球。

Midiya说，之前接受过几家媒体采访，但报道出来后，倾向性明显，"看他们出来的东西，我不太满意"。她表达了对开放异地高考的些许忧虑："城市服务跟不上人口扩张，医疗、教育、治安、环境都会产生影响，而教育是最末端的，见微知著。"

这个拒绝透露自己详细身份的上海女子说："反对异地高考的大多是中产阶级，有稳定工作收入，有子女的也大多就读私立学校，可以说即便开放，我们子女在就学方面所受的冲击不会太大，但整体生活环境会受到怎样的影响呢？"

她最担心的是，"上海文化、建筑、精神在逐渐消失，却不会引起外来移民的重视。他们以上海排外为理由，拒绝融入上海，拒绝上海话。这是上海正在发生的现实。"

Midiya的不少观点在微博上被上海籍网友提及或转载过："外来移民与本地人的生活习惯、价值观念，有诸多格格不入，需要沟通与理解。"

但是，"现在每年60万新移民的迁入速度，大家都很浮躁，没有很好的渠道去互相理解，生活快节奏，压力之下，一味要求上海人宽容，这不太现实，宽容是双向的。在这方面需要政府做好协调工作，而媒体的偏向性也让一些上海人多了几分怨气"。

连占海特也提到，自从上海出台有限异地高考政策后，出现了许多代办公司。她在博客中贴出一则小调查，办公点、咨询电话一应俱全。

事实上，2012年已有10类非上海户籍考生可以在上海市参加全国高考，两年前是8类，6年前是6类。他们主要包括持引进类人才居住证人才，市外在沪工作人员，在沪高校、科研机构博士后流动站在站人员等群体子女。其中，2011年新增引进海外高层次人才子女和上海市教委批准的其他特殊情况考生两类。

总之，就像10月25日这天的大沽路100号市政大厦门前一样纷乱繁杂，得知外地户籍家长要前往大沽路信访，即有人在微博上号召原住民前往抵制。

一群"平等权利的争取者"，一群"大上海的捍卫者"，此前虚拟空间的争论这天在大沽路100号有些激烈地实际碰撞。双方都指责对方是被操纵者，当天的露面是一个"阴谋"。另外相同的是，他们都说自己是弱势群体："上海人"说，有移民已经控制了媒体和公务员阶层；移民则说，自己在这座城市里形单势孤。更多人提到，异地高考只不过将资源分配给少数外来移民群体，"何谈平权？"

而真正的教育公平，还需要对现有制度进行更深刻的改变。这无疑需要一个不简单的过程。

问题：

1. 我国高考一直实行分省录取、按户籍报考的基本制度，非户籍人口的随迁子女在接受完义务教育之后，必须回户籍所在地接受高中阶段教育，参加户籍地高考。分省录取、按户籍报考的高考制度安排，将会给随迁子女及其家庭造成哪些方面的影响？如果你是上海籍居民，你认为采取何种措施，可以有效缓解随迁子女义务教育后的教育问题呢？

2. 在人口流入密集、高考资源相对丰富的京沪等地区，如果不设条件地放开户籍限制，允许外来务工人员随迁子女参加流入地高考，将会对流入地教育造成哪些影响？如果你是随迁子女，你认为应该设置何种条件，才能有效地推进异地高考落地实施呢？

3. 针对随迁子女的异地高考改革，有专家提到两种建议：一是实行全国统一考试、统一录取。这就是把分省份按计划录取，变为全国总计划录取。二是全国统一考试、高校自主招生。请思考，这两种建议可能会引发什么问题？除了上述建议外，你对异地高考改革还有什么其他建议？

二、问题聚焦：异地高考中的多元利益诉求

（一）经济改革与利益分化

对于个体来讲，利益就是对自身有好处的东西，它可以是看得见的实体物品，也可以是看不见的精神产品。主体的利益诉求源于一定的偏好需要，没有偏好需求就根本不存在利益问题。个体不仅有生存的物质利益诉求，也有发展的精神利益诉求。当利益资源有限而人们的利益诉求各不相同时，人们就为了自己的生存与发展利益，借助于多种方式进行利益博弈与抗争，有时还会以比较激烈甚至暴力的方式进行。也正是在此意义上，公共政策由公共权威部门代表国家，要进行多方面的利益沟通与协调，平衡各方面的利益诉求，在取得多方共识的基础上，对有限的公共资源进行权威性分配。

在计划经济时代，由政府掌握着经济与社会生活各种资源，并依据户籍、

行业等不同标准按计划分配。在此背景下,个人利益完全服从、服务于国家与集体利益。社会群体生活的同质性使得社会民众的利益诉求更多表现为一致性,在这种统一的利益诉求下,民众按照国家规定好的路径与方式参与社会生产和生活。正所谓,个人是革命的红砖,哪里需要哪里搬。

改革开放以来,我国经济体制发生重大转型,由计划经济转变为市场经济,市场逐步取代政府在资源配置中起到越来越大的作用,个体通过多种方式和途径参与到社会生产生活中,个人的利益诉求成为个体参与社会生产生活、创造财富、改变命运的重要动力。同时,计划经济时代政治垄断经济与社会的一元结构社会也逐渐向政治、经济与社会的三元结构社会转变。市场机制的放大器作用也使社会个体之间的能力差异被不断放大,不断提升的农业劳动生产效率也推动着农村富余劳动力流动至城市进行务工。在此背景下,我国社会群体由于社会政治、经济与文化财富积累不同而产生越来越多的差距,社会群体产生了多种分化与裂变,社会的异质性与差异性越来越大,社会阶层越来越多元,同时不同社会阶层的利益诉求也千差万别。社会个体争取利益的力量是弱小的,当具有相同或相似利益诉求的社会个体以结盟或联盟方式结合在一起时,其争取利益诉求的力量就会变得强大。在社会公共生活中,面对不断增多的利益分化与多元的利益诉求,公共政策决策与执行的复杂性与难度越来越高,偏袒或者平均主义的处理方式都会导致更多的社会争议,引发更大的社会问题。

(二)异地高考背后的利益诉求

当今时代,教育对于个体而言,不仅具有生存发展、改变命运的外在功利价值,也具有生活幸福、实现价值的内在精神价值。就此而言,教育不仅是国计,也是民生,事关千家万户的切身利益与幸福生活,正所谓收入不公影响一生,教育不公影响一世。

为何针对异地高考政策会产生这么多纷扰与争论呢?正如案例所呈现的,大沽路"约辩"事件中的"上海教育公平维权者联盟"和"守沪者联盟"两大社会群体的利益诉求截然不同。就"上海教育公平维权者联盟"来看,其代表的进城务工人员,虽然在上海工作多年,也为这座城市做出了诸多贡献和牺牲,付出了辛劳和汗水,故认为其子女虽是外地户籍,也理应享受在工作地参加高考的教育权益,否则的话就是受到不公平的待遇。

对于另一方的"守沪者联盟"而言,其代表着具有户籍的本地人,认为不加限制取消异地高考的门槛,就可能使上海成为"高考洼地",引来大规模的外来人口进入到上海,超出城市的接纳能力,不仅影响到这个城市的住房、交通、医疗、教育等社会民生,引发社会生活秩序的混乱,故而认为理应限制外来人口在沪参加高考。

进城务工人员子女是否应该在上海参加高考成为案例争议的焦点,其背后反映的是不同群体各异的利益诉求。在异地高考政策中,其实除了进城务工人员及其子女、流入地本土居民之外,还有流入地学校、流入地政府,以及中央政府等多个利益主体,就此而言,异地高考政策是一个涉及多个利益主体,存在复杂利益关系的重要问题。

三、理论阐述:异地高考中的利益相关者与其分类

(一)利益相关者理论

利益相关者理论(Stakeholder Theory)产生于上个世纪 60 年代的西方国家,主要针对传统企业理论所推崇的"股东利益至上"观点,通过反思其合理性提出了要关注与企业关联的利益相关者。经过多年发展,利益相关者理论已成为经济伦理或商业伦理学的重要范畴之一。

"利益相关者"(stakeholder)最初意指"赌注"或"押金"。现代意义上的企业利益相关者思想源于 20 世纪 30 年代。1932 年,伯利(Berle)和米恩斯(Means)在其经典之作《现代公司与私有财产》一书中提出企业所有权与控制权分离的重要命题,成为"股东利益至上"观点的重要理论基础。同年,哈佛大学学者多德(Dodd)在批判伯利等人的观点时指出,公司企业不仅要代表股东的利益,也要代表其他利益主体,如员工、消费者以及社会整体的

利益，这一论述蕴含着鲜明的利益相关者思想。①

20世纪六七十年代，"股东利益至上"理论观点盛行，在批判该观点的基础上，利益相关者理论开始逐步发展起来。支持利益相关者的专家学者指出，公司不仅是由股东主导的企业组织，也是一种受多种市场因素影响的企业实体。利益相关者理论的产生也是当时企业所处现实状况的真实反映。60年代末期以来，信奉"股东利益至上"的美英企业遇到前所未有的困难，而体现"利益相关者"思想的德国、日本及东亚等许多国家的企业却发展迅速。相关学者的研究表明，股东至上的企业专注于短期目标与效率提升，无暇关心公司长远发展；而德国尤其是日本的许多企业注重公司利益相关者的利益诉求，着眼企业未来发展，融合人本管理思想，取得不俗的发展业绩。就此而言，利益相关者理论的产生与发展，既有着学者深刻的理论反思，也是企业长远发展的现实反映。

1963年，美国斯坦福大学的一个研究所首次提出现代意义上的利益相关者概念，认为利益相关者是那些没有其支持，组织就不能生存的团体。1984年，美国学者经济学家爱德华·弗里曼（Edward Freeman）在其代表作《战略管理：一种利益相关者的方法》（*Strategic Management: A Stakeholder Approach*）一书中对利益相关者理论进行了专门论述，并在此基础上重构了传统的战略管理理论框架。弗里曼认为，企业利益相关者是指那些能影响企业目标的实现或被企业目标的实现所影响的个人或群体。这一广义的利益相关者的权威界定受到了学界的普遍接受。

20世纪90年代以来，利益相关者理论不断发展，并渗透到组织学、公司治理、战略管理等不同领域。与信奉股东至上的传统企业理论相比，利益相关者理论的重要贡献表现为，重新界定了企业目标与边界，不仅要考虑股东与投资者的利益，还需要考虑雇员、消费者、供应商、社区及环境等群体的利益需要，任何一个公司企业的发展都离不开诸多利益相关者的参与，企业

---

① 李善民、毛雅娟、赵晶晶：《利益相关者理论的新进展》，《经济理论与经济管理》，2008年第12期，第32页。

应该追求利益相关者的整体利益,而不仅仅只是某个特定主体的单独利益。

利益相关者理论虽然起于企业管理,但是其理论思想对于认识与分析有多个主体参与的社会实践活动具有重要的启示意义。对于教育政策而言,也涉及诸多的利益相关者,既有直接的也有间接的利益相关者,既有核心的也有边缘的利益相关者。在教育政策制定与执行过程中,依据利益相关者的理论视角,从系统与生态角度去考察不同利益相关者的利益诉求,分析不同利益主体的类型与利益关系,具有重要的理论与实践启示意义。

(二)利益相关者的分类

根据弗里曼的界定,利益相关者是影响企业目标实现或受到企业目标实现所影响的个人或群体。这表明,利益相关者与企业之间存在一种互动影响的关系:一方面,企业的决策与行动对利益相关者产生影响,影响着利益相关者的利益实现;另一方面,利益相关者的行动、反馈也影响着企业的决策和行动。

在教育政策活动中,政策的决策者和执行者与利益相关者之间也存在这种互动影响的关系。一方面,政府的教育决策会影响利益相关者的教育利益诉求能否实现,如异地高考政策的颁布非常有利于外来务工人员子女在流入地参加高考。另一方面,利益相关者的反馈与行动也将影响着教育行政部门的决策与实施,如同样是异地高考政策,如果流入地的户籍居民反应激烈、强烈抵制,流入地政府也会考虑居民的意愿反馈,设置更为苛刻的条件,以加大该政策的实施难度。

需要进一步指出的是,这种互动影响的性质是复杂的,既可能是合作的,也可能是威胁的,既可能是直接的同盟者,也可能是潜在的挑战者。就此而言,利益相关者虽然重新扩展了企业的目标与边界,但是在实际操作中,企业的目标与边界拓展到何种程度也引发了很多争议。

据此,美国学者米切尔(Mitchell)指出,利益相关者理论迫切需要解决两个核心问题:一是如何识别利益相关者,即谁是利益相关者;二是利益相关者具有何种特征，即管理者依据什么给予特定群体予以关注。① 如具体到教育领域，就可以发现，教育几乎影响到每一个人及其家庭，也影响到社会的方方面面。如果都将纳入到利益相关者的范围，将无法进行分析。面对这些难题，利益相关者的分类成为该理论研究的热点之一。

不同研究者依据不同标准，对利益相关者进行了不同的分类。如查克汉姆（Charkham）依据是否与企业存在交易性合同，将利益相关者分为两类：一是契约型利益相关者，包括股东、雇员、顾客、分销商与供应商等；二是公众型利益相关者，包括全体消费者、监管者、政府部门、压力集团、媒体与社区等。再如克拉克森（Clarkson）提出两种分类维度：一是依据在企业经营中承担的风险，将利益相关者分为主动型和被动型利益相关者；一是依据与企业联系的紧密程度将利益相关者分为主要利益相关者与次要利益相关者。而利益相关者分类研究的代表性人物米切尔等人则依据影响力（power，即某一群体是否拥有影响企业决策的地位、能力和相应的手段）、合法性（legitimacy，即某一群体是否被赋予法律和道德上的或特定的索取权）和紧迫性（urgency，即某一群体的要求能否立即引起企业管理者的关注）三个特征，将利益相关者分为三类，分别为：潜在型利益相关者，即只具有一种特征的利益相关者；预期型利益相关者，即同时具有两种特征的利益相关者；决定型利益相关者，即同时具有三种特征的利益相关者。②

---

① 朱月华：《随迁子女义务教育政策分析及改进路径——基于利益相关者视角》，《教育科学研究》，2020年第12期，第6页。
② 李善民、毛雅娟、赵晶晶：《利益相关者理论的新进展》，《经济理论与经济管理》，2008年第12期，第33页。

表 5-1 美国学者米切尔等人的利益相关者分类表

利益相关者	属性	主要内容
决定型利益相关者	合法性、影响力、紧迫性	股东、雇员和顾客
预期型利益相关者	合法性、影响力	投资者、政府部门
	合法性、紧迫性	媒体、社会组织
	影响力、紧迫性	政治或宗教的极端主义者等
潜在型利益相关者	只拥有一种属性	竞争对手

（三）异地高考政策中的利益相关者

异地高考是一个涉及跨区域、跨部门与多群体的复杂性教育问题。不同的利益主体在异地高考政策中的动机、目的与诉求各不相同，构成了错综复杂的利益关系，也产生了复杂多样的利益博弈关系。

依据 2012 年教育部等四部委发布的《关于做好进城务工人员随迁子女接受义务教育后在当地参加升学考试工作的意见》[①]（以下简称《意见》），可以看出异地高考政策中至少涉及五类密切相关的利益相关者群体，分别为进城务工人员随迁子女及其家长、流入地子女及其家长、流入地学校、地方政府与中央政府。

其一，进城务工人员随迁子女及其家长。当今时代，高考是改变人生命运、实现阶层流动的关键途径之一。对于进城务工人员随迁子女而言，在"以流入地政府为主，以全日制公办中小学为主"政策部署下，进城务工人员子女接受义务教育的问题已得到基本解决，但随之而来的异地中考、高考直接影响着进城务工人员子女能否进一步接受教育，能否平等享受升入高一级学校的教育机会，直接关系到进城务工人员子女前途命运及其家庭的未来幸福。异地高考政策与千千万万的进城务工人员及其子女的教育利益切身相关。对此，《意见》明确提出，要坚持有利于保障进城务工人员随迁子女公平接受

[①] 《关于做好进城务工人员随迁子女接受义务教育后在当地参加升学考试工作的意见》，http://www.gov.cn/gongbao/content/2012/content_2218032.htm。

教育的权利和升学机会，坚持有利于促进人口合理有序流动，统筹考虑进城务工人员随迁子女升学考试需求和人口流入地教育资源承载能力等现实可能，积极稳妥地推进随迁子女升学考试工作。

其二，流入地子女及其家长。虽然《意见》中没有专门提及流入地子女及其家长，但流入地子女及其家长也是异地高考政策中的另一方核心利益相关者。教育就如"公共池塘"一样，当进城务工人员子女越来越多地进入到池塘后，流入地子女享受到的教育资源，尤其是优质教育资源就会越来越少，面临的教育竞争就会越来越激烈，教育收益就会不断递减。假如国家分配给A地的高校指标是100人，A地户籍高考有200人，高考录取率为50%；如果又涌入流动人员子女100人也参加高考，但国家分配的高校指标不变，此时高考录取率就只有33%了，对于流动人员子女来说是正收益，而对于流入地子女来说则是负收益。因此，当流入地的教育资源没有新增或者对流入地子女教育利益缺乏保障或补偿时，流动人员子女的不断涌入必然会在一定程度上损害、降低流入地家长及其子女的教育收益，也随之会引发流入地子女及家长的紧张与抵制。

其三，流入地学校。实施异地高考的一个前提工作就是进城务工人员子女能够在流入地继续接受普通高中教育，然后才可以参加高考。多年来，在解决流动儿童在义务教育阶段进入流入地公办学校就读的过程中，流入地学校大都经历入学人数增加，但师资配套、办学经费、教育设施、办学设备等并没有随之相应增加，对原有的学校管理水平与教学模式均产生一定影响的过程。对于流入地公办高中而言，实施异地高考政策若接收进城务工人员随迁子女就读，就会陷入生源增多、班额过大、师资紧缺、经费紧张、教育教学设施不足的困境，这将直接影响到学校的发展质量与品牌声誉；而若公办高中不接受进城务工人员随迁子女，就将违反政策规定而受到一定惩处。在实施异地高考政策下，对于流入地公办高中而言这种进亦难退亦难的尴尬境地，必然会影响学校管理者与教师的心态，对公办学校的长远发展利益造成一定的损害与负面影响。就此而言，流入地学校是实施异地高考政策的一个重要主体，也是与之密切相关的利益相关者。

其四，中央政府与地方政府。在异地高考政策中，中央政府与地方政府（主要是省级政府）以分权—合作方式，采取中央—地方共治模式，各自承担着不同角色，发挥着不同作用，其利益考量与诉求也各不相同。中央政府（主要代表是教育部）需要统筹考虑进城务工人员的就业、居住、医疗、社保、教育、交通等诸多社会问题，既要充分利用进城务工人员的人口资源红利和经济收益，同时也要考虑社会流动可能引发的社会动荡与稳定问题。由此，中央政府是立足国家发展的战略高度，从推进社会和谐与教育公平的角度，综合流入地政府与流出地政府等多种利益考量与利害得失作出的重要决策，一方面期望保障进城务工人员随迁子女受教育权利、促进教育公平的客观要求，另一方面则期望保障和改善民生、加强和创新社会管理、维护社会和谐。

因为全国各地情况不同，有些地方是人口流出大省，有些地方则是人口导入大省。在此背景下，中央政府决策之后，则需要各地方政府积极跟进，因地制宜制定随迁子女升学考试具体政策。对此，《意见》指出，各省、自治区、直辖市人民政府要根据城市功能定位、产业结构布局和城市资源承载能力，根据进城务工人员在当地的合法稳定职业、合法稳定住所（含租赁）和按照国家规定参加社会保险年限，以及随迁子女在当地连续就学年限等情况，确定随迁子女在当地参加升学考试的具体条件，制定具体办法。地方政府作为"理性经济人"组织，一方面要面对中央政府的政策指令，要积极服从以取得政治权威性；另一方面则要考量本地居民的利益诉求，积极争取本地居民的认同与支持，以获取政治决策的合法性。同时，对于地方政府来说，异地高考属于教育政策，但是进城务工人员及其子女在流入地还涉及工作与生活等多方面问题，这就意味着地方政府也要在流动人群的教育利益与经济利益、社会利益中作一个权衡。在此背景下，作为理性经济人的地方政府面对的利益诉求就是综合多元、错综复杂的，当其面临的矛盾比较激烈时，地方政府就会采取措施限制异地高考政策的落地实施。

四、案例分析

(一)"异地高考"的发展阶段与政策根源

异地高考问题的出现与当前我国人口流动、户籍制度、教育公平等社会问题密切相关,其从民意诉求到政策议题再到方案颁布,大致经历三个阶段。

其一,关注阶段。20世纪90年代以来,"高考移民"现象引发人们对于异地高考问题的初步关注,即部分考生通过转学或迁移户口等方式,到高考分数线较低、录取率较高的地区应考。对"高考移民"这种利用政策漏洞,挤占流入地稀缺教育资源的行为,教育行政部门是严令禁止的。当前"异地高考"所指向的考生群体与此类"高考移民"不同。进入新世纪以来,进城务工人员子女在流入地接受义务教育的问题被广泛关注并逐步得到解决。随着流动儿童接受义务教育任务的基本完成,其异地中、高考问题引发了全社会的关注。至2008年"两会"期间,多位全国人大代表提案要求关注与解决外来务工人员子女就地高考问题。

其二,政策议题阶段。2010年12月,教育部将异地高考列入了改革试点,但改革试点选在人口流入并不密集的山东、湖南、重庆等地,其举措意向耐人寻味。直至2011年3月,教育部部长袁贵仁在十一届全国人大四次会议上表示,教育部正在和上海、北京研究如何推进异地高考。这表明,教育部真正将异地高考问题纳入到其政策议程之中。

其三,方案颁布阶段。2012年3月,袁贵仁部长在全国政协十一届五次会议开幕会上指出,异地高考改革方案将在10个月内出台;2012年7月,国务院同意异地高考改革方案;2012年8月30日,国务院办公厅转发了教育部等四部委《关于做好进城务工人员随迁子女接受义务教育后在当地参加升学考试工作的意见》,该文件明确指出:"各省、自治区、直辖市有关随迁子女升学考试的方案原则上应于2012年年底前出台。"

一定意义上讲,2012年是我国异地高考的破局之年,亦是争论纷出之年。正如上述案例中所呈现的,不同的人群对于异地高考有不同的意见看法,有人期待进城务工人员随迁子女受教育及升学的权利进一步落实，有人担心自己的教育利益受到侵犯；有人视异地高考为"蝗虫入侵"，有人则抱怨"北上广""土著"自私自利。

异地高考问题之所以如此备受关注，一个重要根源就在于优质高等教育资源的区域配置不均衡。有研究表明，① 依据本科高校数量、招生数量和高考学生报考数量三个重要指标，可以将全国各省分成三类地区：以北京、上海、天津为代表的高等教育资源丰富地区；以山东、河南、湖南、安徽、江西为代表的高等教育资源有限地区；以海南、西藏、青海为代表的高等教育资源贫乏地区。2011年的教育统计数据表明，在各省本科院校占当地高校比例方面，北京、上海和天津分别是68.48％、42.31％和43.48％；而山东、河南、湖南、安徽和江西分别为38.16％、33.59％、45.74％、30.08％和31.46％；而海南、西藏和青海仅为27.27％、33.33％和37.5％。从上述数据可以看出，第一类地区明显高于其他地区，不同区域拥有优质高等教育资源的比例严重失衡。各地高等教育资源配置极不均衡，上海和北京等人口不到全国的1％，却集中了全国10％以上的大学，其高考录取率，尤其是重点大学录取率也远远高于全国其他地区。也正是在此背景下，京沪既是重要的人口流入城市，同时也是异地高考政策限制条件最为严苛的地区。

(二) 各地"异地高考"方案的内容分析②

文本或内容分析（content analysis）是政策分析的重要方法之一，它基于定量或定性分析文献内容，判断与透析文献中有关主题的实质内容及其关联的发展趋势。③ 截止到2013年6月，全国各省、自治区与直辖市已基本颁布各地的异地高考方案。

---

① 翟月玲：《"异地高考"的根源、理念探究与对策》，《中国高教研究》，2012年第7期，第25—26页。

② 具体内容详见刘世清、苏苗苗：《"异地高考"政策的合理性研究——基于30个省（自治区、直辖市）"异地高考"方案的内容分析》，《高等教育研究》，2013年第6期，第23—28+83页。

③ 李钢、蓝石：《公共政策内容分析方法：理论与应用》，重庆：重庆大学出版社，2007年版，第4页。

统观各地异地高考方案，主要包括四个基本构成部分：家长准入条件、学生准入条件、报考院校类型与执行方式。其中，准入条件（包括家长和学生）属于"基本门槛"，主要规定哪一部分流动人群及其子女可以获得异地高考的资格；报考院校类型涉及资格群体实际享有的可能权利；而执行方式代表着各地执行异地高考政策的态度和思路。

其一，家长准入条件。从各地异地高考方案来看，家长准入条件一般包括：住所、职业、社保、居住证（暂住证）与户籍等五个方面。如图5-1所示，方案中家长准入条件类型多样，权重不一，排在前三位的指标依次为：合法稳定住所、合法稳定职业以及缴纳社保。根据我国东、中、西部地区的划分，[①] 可以发现不同地区的家长准入条件还具有如下特征：合法稳定住所和稳定职业是家长准入的最基本条件，东、中、西部地区相差无几；东、西部地区家长准入条件相对较高，中部地区最低；东、中、西部地区内部也有差异，尤以东部地区最为显著，表现在传统的"高考洼地"地区家长的准入条件高于一般地区。

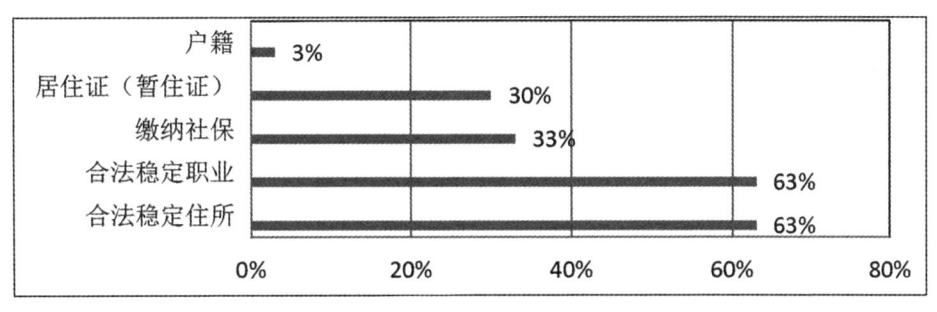

指标	比例
户籍	3%
居住证（暂住证）	30%
缴纳社保	33%
合法稳定职业	63%
合法稳定住所	63%

图 5-1 家长准入条件指标及所占比例

以东部地区为例，如表 5-2 所示，虽同属东部地区，山东、浙江、河北、福建家长准入的"门槛"几乎为零。如作为人口流出大省的山东规定，凡在

---

① 对于东、中、西部地区的划分根据国家统计局（2012）的划分标准：东部地区包括北京、天津、河北、辽宁、上海、江苏、浙江、福建、山东、广东和海南（11个）；中部地区包括山西、吉林、黑龙江、安徽、江西、河南、湖北和湖南（8个）；西部地区包括内蒙古、广西、重庆、四川、贵州、云南、西藏、陕西、甘肃、青海、宁夏和新疆（12个）。

山东省高中段有完整学习经历的非户籍考生均可在山东省就地（所就学的高中段学校所在地）报名参加高考，对随迁子女家长实施"零门槛"准入。而备受社会关注的"北上广"地区，作为外来人口集中区域，开放异地高考的压力巨大，对家长准入提出了包括稳定住所、稳定职业、缴纳社保及居住证等在内的较高要求。

表 5-2 东部地区家长准入条件一览

	京	津	沪	苏	鲁	浙	粤	琼	辽	冀	闽
住所	√	√	√	√	—	—	√	—	√	—	—
职业	√	√	√	√	—	—	√	—	√	—	—
社保	√	√	√	—	—	—	√	—	—	—	—
居住证	√	—	√	—	—	—	√	—	—	—	—

其二，学生准入条件。高中学籍及三年连续学习经历是异地高考学生准入的基本条件。如图 5-2 所示，各地异地高考方案对学生准入的普遍要求为"高中三年连续学习经历"（或"高中阶段完整学习经历"）与"取得学籍"。如安徽要求考生具有"高中阶段完整学籍"；福建提出考生"有三年完整学习

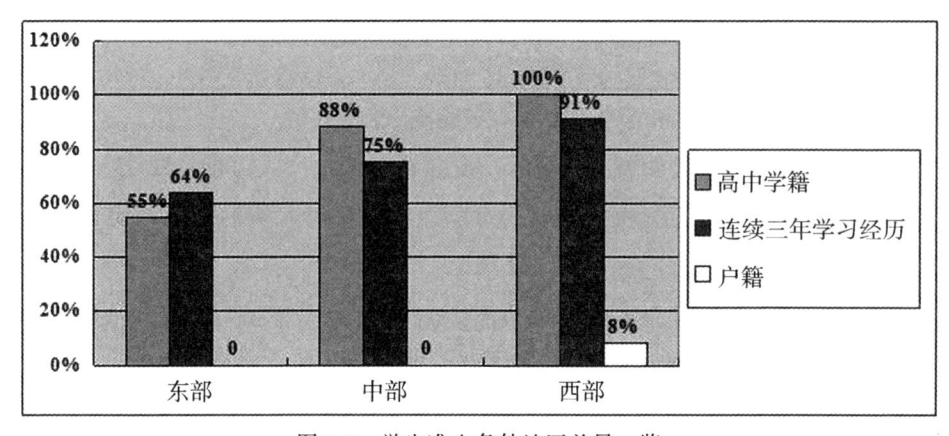

图 5-2 学生准入条件地区差异一览

经历"等。其中东部地区对"高中学籍"的要求低于中、西部地区，这可能与东部部分省份没有开放高中学段有关。此外，部分西部地区要求异地高考生几年内或报考部分高校具有当地户籍，东、中部地区则无相关要求。这是部分西部地区出于避免"高考移民"和保护本地考生利益的考虑，仍规定异地高考生具有当地户籍，包括甘肃、云南、陕西、内蒙古等四省。如内蒙古异地高考方案规定"本人取得内蒙古自治区户籍满两年"可参加普通高考，有内蒙古高中学籍且连续就读满二年仅可报考高职高专院校。

其三，异地高考生可报考院校类型。报考院校类型代表着异地高考生实际享有的可能权利。各省份允许异地高考生报考院校的类型与开放程度不同。有全部开放、半开放与未开放三种类型。全部开放，是指异地高考生在流入地报名参加普通高考，并与本地户籍考生享受同等权利被各类高校录取；半开放，是指部分地区异地高考方案仍以家长和学生的"户籍"为限制条件，规定未入户的随迁子女只可参与部分高职、专科院校、三本院校的报名和录取。统计表明，除北京、云南、青海、内蒙古等4个省份外，有26个省份对异地高考生开放全部高等院校；有云南、青海、内蒙古3个省份坚持对异地高考生开放部分院校，如高职、专科和三本院校；仅有北京在当时未明确开放普通本科院校的时间。

其四，异地高考执行方式。执行方式是指异地高考方案具体的实施时间、方式与步骤。据此，各地异地高考方案可以划分为三种类型：一步到位、缓冲落地以及分步实施。2013年，天津、河北、浙江、江苏、辽宁、黑龙江、吉林、湖北、河南、湖南、安徽等11个省级行政区以"低门槛"为特点实施异地高考方案，且一步到位，实现异地与本地高考生享受同等待遇。山东、福建、海南、江西、山西、广西、四川、贵州、重庆等9个省级行政区，准入条件较低，异地高考方案缓冲至2014年实施。作为异地高考改革重镇和人口流入的密集地区，北京、广东、上海、陕西、甘肃、云南、青海、宁夏、新疆和内蒙古等10个省级行政区对开放异地高考持较谨慎的态度，表现在异地高考"门槛"相对较高，强调过渡和渐进，采取"分步实施"的执行战略。如广东的方案规定：2013年起，在广东积分入户的异地务工人员、高技能人才，其子女"零门槛"参加高考；2014年起，符合一定条件的进城务工人员随迁子女可参加中职报考高职的考试；从2016年起，符合条件的随迁子女方可报名参加普通高考。

（三）异地高考中利益相关者的核心利益博弈

博弈原指下棋，一般指个人、群体或组织，在一定的约束条件下依靠所掌握的信息，一次或多次从各自可能的行为或策略集合中进行选择并实施，各自从中取得相应收益的过程。[①] 利益博弈是社会生活中普遍存在的现象，在教育领域中优质教育资源总是有限的，家长们也总会以不同方式去积极争取让自己的孩子去上一所好的学校，这其中就存在着大量的利益博弈行为。

异地高考问题涉及错综复杂的教育利益问题，存在着多个利益相关者，呈现着或明或隐的多层利益博弈。总体而言，在异地高考中利益相关者主要存在着四方面的利益博弈。

其一，进城务工随迁子女及家长与流入地子女及家长之间的利益博弈。随迁子女及家长与流入地子女及家长的利益博弈是异地高考政策最核心的利益博弈体现。案例中的"上海教育公平维权者联盟"与"守沪者联盟"走上街头约辩，相关内容就表明双方的利益诉求与争议所在。

在原有学籍与户籍双层认证的政策框架下，随迁子女原来并不享有在流入地参加高考的机会。国家启动制定异地高考政策，就意味着随迁子女有机会在异地参加高考。随迁子女及其家长积极倡导教育公平，力争在流入地可以平等地参加高考，享受流入地优惠的高考政策。对于异地高考而言，随迁子女及其家长是获益者，是该政策的积极推动者与支持者。

对于流入地子女及家长来说，在原有的高考制度框架下，他们单独享有优质高考名额与录取指标等资源。一方面流入地子女及其家长担心，因随迁子女的到来会压缩与争抢一部分原来属于他们的高考名额与录取指标；另一方面，也会担心因随迁子女进入到流入地高中就读而增加竞争难度。在此情

[①] 敖成兵：《大沽路"约辩"事件背后的教育利益博弈检视》，《当代青年研究》，2014年第5期，第47—52页。

况下，流入地子女及其家长也会从自身利益最优化角度进行决策，积极争取保持对优质高考教育名额与指标的独占性享有，对异地高考政策采取防御、抵制措施，是异地高考政策的高威胁者与反对者。

随迁子女及其家长与流入地子女及其家长在自身利益最优决策模式下，都将会争取自身利益最大化，互不让步，互不妥协，无法达成共识，双方将呈现出一种典型的零和博弈。

其二，进城务工随迁子女及家长与流入地政府之间的利益博弈。随迁子女及其家长与流入地政府之间的矛盾集中体现为，大量的随迁子女希望获得在流入地平等参加高考的诉求与流入地政府教育资源的有限性，这就使得流入地政府无法满足所有随迁子女及其家长在流入地平等参加高考的要求。

《意见》中明确提出，各省、自治区、直辖市人民政府要根据城市功能定位、产业结构布局和城市资源承载能力，因地制宜制订适合本地实际情况的具体实施办法。因此，对于随迁子女及其家长来说，想要与流入地子女一样平等参加高考，获得同等对待，就需要积极地向流入地政府表达意愿，施加压力，以影响地方政府制定出最符合随迁子女利益诉求的政策方案。在此过程中，新闻媒体、专家学者、人大代表与政协委员等不同组织或主体，会以各种不同方式替随迁子女及其家长代言，通过多种方式向各级各类政府表达诉求施压。也正是随迁子女及其家长通过各种方式向政府表达利益诉求，中央政府才启动并制定了异地高考政策，也积极要求各省因地制宜制订具体方案。

对于流入地政府而言，其面临着多重的利益考量：一方面，进城务工人员为城市发展提供了更多的人口红利与经济增量，为城市提供了更多的生活便利与社会效益；另一方面，进城务工人员及其子女的到来也挤占了流入地居民的教育、医疗、住房、交通等社会资源，引发本地居民与务工人员的利益冲突，在现有户籍制度框架下，流入地政府肯定会优先考虑当地居民的社会利益。流入地政府面对的是得与失的决策难题。美国学者德博拉·斯通（Deborah Stone）在《政策悖论——政治决策中的艺术》一书中指出，政府决策时，至少存在两个目标：第一个目标是政策目标，即某个问题得到解决；

第二目标是政治目标,即要维持它们的权力或者得到更多的权力。政治目标优先于政策目标,政策目标要服从于政治目标。① 流入地政府面对流动人口的进城务工人员带来的经济红利与引发的教育资源挤占时,首先要服从政治目标,也就意味着首先要考虑维护与巩固自身政治地位与维护本地居民的利益诉求。流入地政府在面对异地高考政策时,就会运用中央政府赋予的自由裁量权,设置相关条件,限制随迁子女平等参与异地高考的权利与机会,优先保障当地居民子女的教育权。

其三,进城务工随迁子女及家长与流入地学校之间的利益博弈。随迁子女能否异地高考的一个重要前提就在于能否在流入地高中学校就读。这也就意味着流入地高中学校是随迁子女与流入地子女之间发生利益博弈的现实场所。随迁子女希望进入流入地高中学校就读的强烈意愿与流入地高中不情愿接收随迁子女就读是两者之间的主要矛盾所在。

对于流入地高中学校而言,之所以不太情愿接收随迁子女主要有如下方面原因:第一,一般来说,随迁子女来自经济欠发达地区,前期接入流入地义务阶段学校教育教学质量相对较为薄弱,家庭教育缺失,流动性强,这就使得流入地高中学校需要投入更多的时间与精力,成绩优秀率、高考升学率较低。在当前,高考升学率依然是评判高中教育教学质量的重要标准,过多接收随迁子女进入流入地高中学校势必影响到该校的教育质量与社会声誉,这是影响流入地高中学校接收随迁子女就读的直接原因。第二,当前我国教育经费主要依据户籍生人数进行划拨,流入地高中并不会因为接收随迁子女就可以额外获得办学经费补贴。随迁子女的到来会引发流入地高中办学经费紧张、教育教学设施紧缺,这些都是影响流入地高中接收随迁子女就读的制度因素。第三,从学校管理角度来看,随迁子女与流入地子女共同在流入地高中学校学习与生活,是对随迁子女单独编班还是与流入地子女混班也是要考虑的问题。而且随迁子女来自全国各地,其生活习惯和价值观念与流入地

---

① [美]德博拉·斯通著,顾建光译:《政策悖论——政治决策中的艺术(修订版)》,北京:中国人民大学出版社,2009年版,第2页。

子女可能也会存在诸多差别，两者在一起学习与生活时，也易引发矛盾冲突，诸如此类都会进一步增加流入地学校的教育教学管理难度。作为"理性经济人"的流入地高中学校面对上述情境，在处理随迁子女就学问题时，往往意愿较低，宁愿多一事不如少一事，即使在政策要求下必须接纳随迁子女时，也采取投入最少的方式，比如将随迁子女单独编班，选择普通师资任教。这在无形中也弱化了随迁子女平等获得优质教育资源的机会。对于异地高考政策而言，流入地高中学校也是潜在的威胁者或消极合作者。

其四，中央政府与地方政府之间的利益博弈。当前，我国中央政府与地方政府采取"央主地从"、分权—合作模式制定公共政策，解决社会公共问题。在此过程中，面对全国各地经济社会发展存在的差异，中央政府具有权威性，一般出台原则性、指导性政策文件；地方政府具有一定的自由裁量权，根据各地实际情况，因地制宜制定具体性的、可操作的政策实施方案，以便中央政策在地方的灵活执行，切实解决地方实际问题。与计划经济时代的中央集权制相比，这既保证了中央政府的权威性、合法性，通过特定的政策时间、进度、条件等原则性意见的设置，杜绝地方政府的不作为或任意妄为；同时又赋予了地方政府一定的主体性与积极性，让地方政府具备一定的自由裁量权，可以依据地方实际情况制订切实可行的实施方案。但是，特定条件下，中央政府与地方政府的这种分权—合作模式也可能转变为地方政府的消极执行与扯皮推诿。

在异地高考政策中，流入地政府要承担随迁子女在当地高中的入学就读工作，也划拨部分的高考机会与录取指标，在没有中央政府的额外教育资源支持下，意味着流入地政府要承担更多的事权责任。在这种事权与财权不对等的背景下，作为理性经济人的流入地政府，一方面要面对本地居民的教育利益受损，要预防本地居民的抗争，维护社会的稳定，一方面要承担因为随迁之女到来而增加的教育经费与资源，因此，地方政府就会利用自由裁量权，设置多种条件以限制随迁子女进入到流入地高中学校就读。在此过程中，如果中央政府缺乏对于地方政府的明确要求与有效监督，流入地政府就会采取多种方式弱化乃至阻碍异地高考政策的深入实施。

五、政策建议

伴随着随迁子女在流入地接受完成义务教育，其在流入地接受中学教育以及参加高考问题注定会成为重要的政策议题。伴随着国务院办公厅转发了教育部等四部委《关于做好进城务工人员随迁子女接受义务教育后在当地参加升学考试工作的意见》，异地高考政策成为全社会关心的热点问题，会直接影响着随迁子女的教育机会与教育权益的实现。

利益相关者理论认为，每个社会成员或组织都有各自不同的利益诉求与偏好，对于企业的决策者来说，不能只关注股东的利益，而应关心与企业发展相关者的利益，应重新界定企业的边界与利益。立足利益相关者理论视野来审视异地高考政策，可以发现其中的核心利益相关者不仅包括随迁子女及其家长与流入地子女及其家长，还包括流入地高中学校、流入地政府以及中央政府，在这些利益相关者之间存在复杂的利益博弈关系。基于利益相关者理论来看，在异地高考政策中不能只关注某一个特定主体的利益诉求，需要用系统多元的视角审视核心利益相关者的利益关系，综合统筹，兼顾多方，协同推进该项政策的贯彻落实。

（一）加强沟通，构建多元利益主体参与的利益生态机制

从本质上来讲，公共政策就是不同社会利益主体进行博弈的过程与结果。在公共资源有限的情况下，必然意味着一部分主体的利益得到满足，而另一部分主体的利益受到损害。在现代社会，每个社会主体或组织都有自身的利益偏好与诉求，在守法前提下合理追求自身利益的最大化都是允许的。在面对偏好不同、立场各异的多元利益主体时，制定与执行公共政策的关键就在于加强多方主体的沟通，在充分交流情况下达成最大利益共识，兼顾各方的利益，从而获得最大多数人的理解和支持。

长期以来我国公共政策常常采用"精英决策"模式，自上而下制定政策，许多政策的目标群体处于边缘位置，缺乏有效平台与路径反馈自身的利益诉求，导致公共政策的决策失衡。基于利益相关者视角，对于异地高考政策优

化的首要建议就是要充分尊重各方主体的利益诉求，深化推进教育政策的民主化决策机制，加强利益相关者的沟通交流，尤其是加强对于与异地高考密切相关的随迁子女及家长、流入地子女及家长、流入地高中学校的交流协调，以让各方充分表达自身的利益诉求，深化推进决策过程中的利益博弈与平衡，形成一种各方利益相关者积极参加、相互尊重、充分沟通、相互理解的利益生态机制。

（二）加大投入，国家合理配置教育资源

流入地的城市承载能力和自身拥有的教育资源状况直接关系异地高考政策的有效执行。在现在户籍与学籍制度框架下，随迁子女进入流入地高中学校就读并参加高考，对于流入地政府而言是增量工作，需要额外的资源投入，在教育财政资源有限的情况下，如果缺乏中央政府的专项投入以及流出地政府的转移支付，流入地政府的积极性就会受到一定影响。

首先，建议中央政府要设立专项经费，加大对随迁子女教育的经费投入，依据随迁子女流动的实际情况，通过教育财政转移支付加大对各流入地政府的教育财政支持，合理增加流入地的高校招录名额，以有效减少流入地政府因解决随迁子女增量带来的教育财政负担及社会风险。

其次，积极构建以城市常住人口为基数的城市发展规划和管理机制，积极探索建立以常住人口为准的教育公共服务提供机制。在各地发展过程中，尤其是以长三角、珠三角等为代表的一批在改革开放后兴起的城市，由于流动人口的不断增多，出现了户籍人口与常住人口严重不符的局面。大量的人口流入对城市管理和社会发展提出了严峻挑战，迫切需要加强对于流动人口的监控与预测，及时关注流动人口及其子女的变化，并在此基础上，通过预测与监控升学主体的数量及变化趋势，合理地配置各级各类教育资源，科学调整政策方案内容，包括升学准入条件、招生计划等。

再次，积极创新政策，尝试建立生均教育财政拨款的省域内外流动。因为高中教育属于非义务教育阶段，政府的教育财政划拨主要依据户籍生源。当随迁子女流动后，流出地政府对于学生的教育财政投入并没有随之流动。在此背景下，要积极加强政策创新，发挥宏观调控作用，尝试建立生均教育财政拨款的省域间与省域内的流动，以努力减少流入地政府的教育财政压力，缓解随迁子女及家长与流入地高中学校、流入地政府之间的利益博弈矛盾。

（三）发展农村普通高中，促进教育均衡发展

中国的教育现代化并不意味着单一的教育城镇化。异地高考问题出现的根源之一在于教育资源在城乡、地区之间的不均衡配置。农村普通高中是高中发展的重要组成部分，大力发展农村普通高中，提高农村教育的吸引力，满足家长和学生对优质高中教育的需求，也是减轻异地高考压力的重要举措。积极发展农村普通高中，需要进一步强化各级政府的责任，增加对农村普通高中的投入；积极实施农村薄弱高中改造计划，逐步提升农村薄弱普通高中的教育质量；加强农村普通高中师资队伍建设，建立农村贫困学生资助体系。同时为了缓解大中城市高中教育发展与异地高考压力，可以尝试在高考招生方面，尤其是自主招生向农村高中或考生倾斜，在经济、教育欠发达的农村地区投放更多招生指标等。

（四）发挥政策协同作用，推进高考制度变革

异地高考具有复杂性，解决这一问题需要发挥政策的协同作用，推进高考制度改革。中国当前的高考制度是特定时代的产物，以户籍制为基础；高考录取实行"分省定额"，以省为单位制定招生计划，造成高考招生计划与录取机会不均等问题。异地高考的推行对高考改革提出了新的制度诉求。在异地高考的推动下，高考制度可以从以下方面进行变革。

其一，逐步构建以学籍而非户籍作为升学考试依据和以当地应届高中毕业生的数量作为分配招生指标依据的高考管理新机制，并适度调整招生计划，积极保证"优者有其学"。如国务院下发的异地高考意见就明确指出："教育部、发改委采取适当增加高校招生计划等措施，保障当地高考录取比例不因符合条件的随迁子女参加当地高考而受到影响。"

其二，借助教育信息化的推进，建立全国联网的学生学籍和学业评价体系，逐步推进高中生学业评价省际互认的机制与体系，做到各省高考成绩可以互换和互认，以消除随迁子女高考的后顾之忧，打破"异地高考难"的现实困境。

其三，加快建立职业院校与普通高等院校之间的沟通与衔接机制，实现部分地区异地高考生，在达到录取标准的情况下，实现先入校再实现理想学业的可能。

其四，要加强监督，落实地方政府责任。对于流入地政府而言，存在着以自由裁量权消极应对异地高考政策的可能性。因此，中央政府要加强监督，通过异地高考政策的推进时间与任务要求，监控地方政府贯彻落实异地高考政策的实际举措与现实效果，以避免地方政府的推诿与扯皮现象，切实保障随迁子女参加高考的公平机会与权益实现。

（五）加强舆论引导，营造良好社会环境氛围

长期以来，进城务工人员在流入地被当作外地人看待，遭受许多不公平待遇。在此背景下，迫切需要舆论引导，努力改变流入地居民对于进城务工人员的消极印象或负面看法。要让流入地居民认识到，进城务工人员也是流入地城市建设与发展的重要组成部分，为流入地城市的经济与社会发展做出大量的贡献，既要肯定随迁人员对流入地经济与社会发展的贡献，也要对随迁人员增多引起的社会与教育资源紧张问题有所包容。要充分发挥社会媒体的积极作用，为流入地居民、进城务工人员的沟通对话搭建平台，理性阐述自身的利益诉求，努力寻求双方的共识；社会媒体积极解读国家与地方政策，努力让更多的人了解随迁子女的生活现状与教育处境，营造相互理解与包容、互帮与互助的社会氛围。

六、拓展案例

（一）"双减"政策背后的教师

2021年7月，中共中央办公厅、国务院办公厅印发了《关于进一步减轻义务教育阶段学生作业负担和校外培训负担的意见》（简称"双减"政策），明确要求，要强化学校教育主阵地作用，深化校外培训机构治理，坚决防止侵害群众利益行为，构建教育良好生态，有效缓解家长焦虑情绪，促进学生全面发展、健康成长。"双减"政策提出四项重要举措，分别为：全面压减作

业总量和时长，减轻学生过重作业负担；提升学校课后服务水平，满足学生多样化需求；坚持从严治理，全面规范校外培训行为；大力提升教育教学质量，确保学生在校内学足学好。这四项重要举措中，有三项都与中小学一线教师密切相关。"双减"也给一线教师带来了新难题。

"双减"之后，教师面临的难题也值得关注①

"双减"政策颁布已经 4 个月有余。

7 月 24 日，中共中央办公厅、国务院办公厅印发了《关于进一步减轻义务教育阶段学生作业负担和校外培训负担的意见》。

在"双减"政策 6000 余字的文本中，"学校"和"校外培训机构"这两个高频词，分别出现了 43 次和 37 次。政策提出，要通过规范校外培训市场，让学生的学习更好地回归校园。这一退一进，是对教育格局的重大调整。

把学生从繁重的校外培训中解脱出来，回归校园，这只是教育回归本质的路径，而真正能让"双减"政策落地生根的关键则在教师。

对于学生来说，"双减"是做减法，对于教师而言，"双减"更像是做一道"加减乘除"的四则运算题。

首先是"加法"。

从表面上看，"双减"之后教师的工作量明显增加了。

"双减"政策落实后，为了保证孩子们的睡眠时间，不少地方推迟了中小学生早晨的上课时间，但是教师上班的时间并不能迟，因为一些家长由于工作的关系，还会早早地把孩子送到学校，只要有早到校的学生，教师必然不能晚到；学校增加了课后服务，教师不仅要辅导学生作业、给学生查漏补缺，还要组织丰富多彩的活动，下班必然晚了。

再加上备课、教研、批改作业、与家长沟通……"双减"后，不少媒体用多种方式记录了"教师的一天"，不少教师每天工作时间超过了 12 个小时。

---

① 樊未晨：《"双减"之后，教师面临的难题也值得关注》，https：//m.gmw.cn/baijia/2021－12/06/1302708882.html。

有教师调侃自己已经变成了"时间管理大师",练就了一身见缝插针的本领;也有教师这样说:"互联网大厂是'996',我们是'666':每天6点起床,晚上6点回家,晚上或周六还要开个会加个班。"

给学生减负,并不是要把负担转加或叠加到教师身上,学生减负教师增负显然不是"双减"政策的初衷。

面对教师陡然增加的负担,教育部相关负责人回应,将继续督促指导各地将教师减负工作同优化教师资源配置、深化教育教学改革等有机结合起来,健全教师减负长效机制,推动教师减负工作取得实效。

那就要给教师做"减法"了。

要"减",首先要理清哪些是教师不应该承担的负担。

近些年,网上流传着很多教师化身"表哥""表姐"的段子,搞笑只是教师们自嘲和放松的方式。应该说,有多少与教学无关的表格,就有多少与教学无关的"杂事"。

对于教师背负的非教学负担,教育主管部门一直很重视,从2018年起,教育部就提出给教师减负,2019年还被列为"给教师减负年",当年12月,中共中央办公厅、国务院办公厅印发《关于减轻中小学教师负担进一步营造教育教学良好环境的若干意见》,从统筹规范督察检查评比考核事项、社会事务进校园、精简相关报表填写工作等方面提出20项要求,被坊间称为"教师减负20条"。2020年,各地制定了具体的减负清单,教育部等8部门又发布《关于进一步激发中小学办学活力的若干意见》,要求大力精简、严格规范各类"进校园"专题教育活动,有效排除对学校正常教育教学秩序的干扰。

政策力度不可谓不大,但是为什么总有教师反映负担没有减轻多少?

一位中学教师对笔者说,"双减"特别对教师提出了科学进行作业设计的要求,学校也马上下达了要求,但是学校要求的所谓"设计"是每天写出作业设计的思路,"作业确实需要设计,但是设计得是否科学的前提是研究学生,写出完整的思路至少要上千字,本来要填的表格、写的总结就够多了,写完了也就没力气进行真正的研究了"。

在笔者看来,减不下来的根本原因是"一刀切"和"轻实绩"等惯性思维。必须去除学校管理中的形式主义，才能相应地减轻教师的非教学负担。

"加减"之后就是"乘除"了，乘除是成倍的加和减。"双减"之后，教师要在哪些方面大力加强和消减呢？

应该大力加强的是能力。

"双减"政策中特别提到要强化学校教育主阵地作用。实际上，这些年，校外培训机构疯狂发展，甚至"反客为主"的局面背后，也有部分公办学校不够尽责的因素。

一位家长告诉笔者，碰到不会的题目，孩子会第一时间发给培训班的老师，无论多晚，老师都会尽可能地回答，"有几个孩子晚上会把不会的题发给自己学校的老师？"

问句的背后是部分家长学生对学校的不信任。

再加上，少数学校还跟校外培训机构之间有着一些明里暗里的关联，更是加重了这种不信任，特别是"坑班"盛行的那些年，少数学校和校外培训机构之间形成了更加紧密的链条：校外培训机构负责超前超纲培训，并组织杯赛进行选拔，学校再把这些孩子"点招"进学校，学校做了"接盘侠"。

进退之间，一些学校逐渐丢失了原本研究学生、因材施教的本领，有些教师上课"照本宣科"，能力强的学生"吃不饱"自然有课外班给"加餐"，能力弱的学生"学不会"课外班自然也能解决，有极少数教师甚至加入校外培训机构的行列，明里在学校不好好教课，暗中却在校外培训班使劲。

"主阵地"的底气怎么会足？

"双减"政策明确提出学校教育教学质量和服务水平要进一步提升，作业布置要更加科学合理，学校课后服务要基本满足学生需要，学生学习要更好地回归校园。

无论是教育教学质量提高、作业设计，还是课后服务，哪一项落实到位都不是学校、教师表明态度就能解决的，而是要教师的教研能力、教学能力与这些要求匹配，教师有了真才实学才能确保目标的实现。

那么，大力消减的是什么呢？

"双减"政策明确提出，要构建教育良好生态，有效缓解家长焦虑情绪，促进学生全面发展、健康成长。

构建良好的教育生态就必须要强力扭转"唯分数论"的评价标准。

当资本与教育剥离之后,教师不能还留在以"KPI"论英雄的时代,要真正研究孩子,发现每个孩子的闪光点,让每个孩子都能自信地成长。

当然,要扭转教师"唯分数论"的观念,学校在评价教师时也要"多一把尺子",不能要求教师关注学生多维度发展,但到了"评优"的时候最管用的还是学生的分数。

十年树木百年树人,教育真的是个"慢功夫"。

前几天,一个教师用粉笔写板书的视频火了。视频中的教师能写出极漂亮的美术字,甚至还能变换隶书、小楷、行书等字体,很多网友惊叹这位教师是"行走的打印机"。不过,一些老教师指出,几十年前,板书是每一个教师的基本功,能写出一笔漂亮板书的教师大有人在,甚至一笔画圆、徒手画地图的教师也不在少数,只是这些年能静下心来练基本功的教师少了。

良好的教育生态从某种意义上说首先是一种安静的状态。去掉功利和浮躁,回归教育的初心和本质,一个宁静的校园、一间明亮的教室、一名恬静的教师和一群健康成长的学生,就该是教育应有的样子。

问题:

1. 当前,在"双减"政策背景下,中小学教师负担表现在哪些方面?教师负担增加合理吗?为什么?

2. 从利益相关者视角来看,"双减"政策中存在哪些利益相关者?有哪些利益相关者与教师可能发生利益博弈,发生何种内容的利益博弈?

3. 从利益相关者视角来看,可以采取哪些措施,缓解"双减"政策背景下的中小学教师负担过重问题?

(二)特岗教师的情怀与辛酸

新世纪初,我国教师数量不足、质量偏低的问题严重制约了农村教育的发展。我国城乡学校教师队伍力量悬殊,农村中小学教师年龄老化,英语、科学及音体美等学科专业教师严重不足。2006年,由教育部、财政部、原人事部、中央编办联合启动下发《关于实施农村义务教育阶段学校教师特设岗位计划的通知》(简称"特岗计划"),计划每年通过公开招考选聘数万名高校毕业生到中西部贫困县农村学校任教,以加强农村教师队伍建设,促进城乡义务教育均衡发展,办好人民满意的教育。

"特岗计划"提出,特岗教师在中小学现有编制内,实行聘任制,公开招聘、择优录用、合同管理。招聘工作由省级教育、人社、财政、编办等部门共同负责,遵循"公开、公平、自愿、择优"和"三定"(定县、定校、定岗)的原则,其主要程序有:公布需求、自愿报名、资格审查、考试考核、集中培训、资格认定、签订合同、上岗任教。"特岗计划"教师聘期3年,聘任期间执行国家统一的工资制度和标准;其他津贴补贴由各地根据同等条件公办教师年收入水平和中央补助水平综合确定。服务期间特岗教师享受与当地公办教师同等待遇。

情怀背后多辛酸! 25 名特岗教师,走了一半[①]

师资,一直是农村义务教育的短板。2006年,我国启动实施"特岗计划",为贫困、边远、条件艰苦的农村学校补充师资,今年这一招聘规模将达到10.5万名。然而,《半月谈》记者在黑龙江、四川等地调查发现,部分特岗教师存在"想留又想走"的矛盾心态,一些乡村学校面临"稳岗"难题。

"一边很抢手,一边流失严重"

黑龙江省延寿县曾是国家级贫困县,该县加信镇中心校自2009年以来,共接收特岗教师25名。学校校长闻金双说,特岗教师基础较好,通过岗前培训、在岗培训、新老教师结对等形式,能够很快适应教学工作,特别是在多媒体技术运用方面起到引领作用。

去年,黑龙江西部某贫困县共招聘20多名特岗教师。一所乡镇中心学校抢到了5名特岗教师,该校校长格外开心:"学校教师整体年龄偏大,特岗教

[①] 改编自杨思琪、吴晓颖:《情怀背后多辛酸! 25 名特岗教师,走了一半:乡村学校特岗"稳岗"难》,http://www.xinhuanet.com/politics/2020-06/28/c_1126168026.htm。

师都是刚毕业的大学生,村里娃看见年轻老师上课都更愿听。"

四川省通江县泥溪初级中学全校58名在岗教师里有特岗教师11名。学校校长贾健维说,由于位置偏僻,学校长期处于空编状态,特岗教师缓解了师资紧缺问题。"以前由其他学科老师兼任的音乐、美术等课程如今有了专任教师,学校还办起社团活动了。"

教育部统计数据显示,从2012年到2019年,我国中西部省份共招聘了51万名特岗教师,有效缓解了乡村地区师资结构性矛盾,激活了乡村教师队伍。

袁艳敏曾是黑龙江省首批特岗教师,已在桦川县横头山镇中心学校工作十几年,曾荣获全国优秀特岗教师称号。一些名校向她抛出橄榄枝,她都婉拒:"虽然条件艰苦,工作强度大,但农村孩子需要我,我要留下来。"

为了让特岗教师安心工作,一些学校安排食宿,从公用经费中挤出资金为他们添置桌椅、洗衣机等设施,改善办公、生活环境。尽管如此,像袁艳敏这样选择坚守的仍是少数。

"25名特岗教师,只留下13名,走了一半。"闻金双说,特岗教师对师范类毕业生、大学本科毕业生来说,是不错的就业选择。但服务期满后,有些报考公务员,有些由县城学校借调,还有的直接考入城市学校,造成特岗教师队伍不够稳定,流失严重。

"2018年,通过公开招聘、特岗教师计划等,学校新进10名教师,而调走的教师达14名。"贾健维说,来的没有走的多,师资不足依旧是乡村教育之痛。

异地、脱节、待遇差:情怀背后多辛酸

不少特岗教师表示,起初会怀着投身乡村教育的情怀,但不得不直面现实里的辛酸。

——由于服务学校地处偏远,部分异地户籍特岗教师返乡意愿强烈。一位基层教育部门负责人说,3年服务期满后,家在市外或省外的特岗教师,大多认为路途太远、生活不便,想回家工作,因此要求解除协议。

黑龙江省大兴安岭地区一名特岗教师在服务期满后,因所在学校急缺老

师，他选择留任。近年来，他将父母妻儿从县城接到村里，一家人终于团聚。然而，随着儿子到了上小学年龄，他越来越感到力不从心："我能教别人的孩子，但教不了自己的孩子，全家人为了我的工作来村里，我心有不忍，有机会还是想回县里。"

——部分特岗教师与教学一线需求不匹配，存在脱节现象。《半月谈》记者采访了解到，部分偏远乡镇学校存在派遣特岗教师所教学科，与受援学校所需岗位不匹配。一些地区语文、数学、英语科目教师数量很多，音乐、体育、美术等科目人数相对较少。

"术业有专攻。"一位乡镇中学校长告诉《半月谈》记者，中学学科专业性强，特岗教师通过跨专业、跨学科培训，能暂时满足教学需求，但仅是权宜之计，难以保障教学效果。

——受农村学校教学条件、生活环境、工资收入等因素影响，部分特岗教师存在心理落差。黑龙江东部某市一名特岗教师说，学校距离市区1个多小时车程，自己每天都是早出晚归，再加上有的农村家长不像城里家长那样配合老师工作，感觉身心俱疲，职业获得感不强，"身边不少考上特岗教师的同事陆续转行或调转"。

据了解，目前多地制定的特岗教师管理办法中，没有对特岗教师在服务期内，职称评定后的聘用予以明确，导致特岗教师无法聘用到相应岗位，享受不到相应的工资待遇。

"来了容易，扎根难。"一名受访校长说，很多特岗教师抱着骑驴找马的想法，很难长期投入农村教育事业。

让特岗教师留得住、教得好

受访一线教师、教育专家认为，应进一步加快特岗教师制度改革，提升特岗教师地位和待遇，增强教师队伍稳定性，助力城乡教育均衡发展。

让有为者有位，提高特岗教师待遇成为共同呼声。全国人大代表、黑龙江省同江市同江镇中心校教师刘蕾说，应进一步改善乡村教师，特别是特岗教师在职称评定、职业晋升等方面待遇，激发其干事创业热情，缩小城乡教育差距。

2020年5月，教育部提出，各地要确保特岗教师工资按时足额发放，按规定参加社会保险，同等条件下在职称评聘、评先评优、年度考核等方面享受与当地公办学校在编教师同等待遇。同时，保证3年服务期满、考核合格且愿意留任的特岗教师及时入编并落实工作岗位。

目前，四川、河北等地建立了农村特岗教师待遇保障机制，起到一定激励作用。统计数据显示，四川省将特岗教师纳入本地青年教师培养工程，3年服务期满后，当地留任特岗教师平均占比约80%。

"为特岗教师开辟绿色通道，解决后顾之忧。"受访一线教师建议，应尽快打通堵点，使特岗教师在服务期内评定职称后，可以顺利聘用到相应岗位，此岗位不占用正式教师编制，从而实现职称与工资待遇挂钩。

中国教育学会学术委员纪大海认为，应加强对特岗教师的培训，引领专业发展。特别是对非师范毕业、跨专业教学的大学毕业生，要根据其需求，针对不同类别、不同学科、不同阶段，科学制定特岗教师培训规划，提升特岗教师的专业能力与教学水平。

"用制度留人，也要用感情留人。"闻金双说，各级政府和学校要尽力解决特岗教师在工作、生活中遇到的突出困难，提升其职业幸福指数，让更多特岗教师留得住、教得好。

问题：

1. 特岗教师为什么流失如此严重？特岗教师流失合理吗，为什么？
2. 特岗教师政策中有哪些利益相关者？这些利益相关者存在哪些利益博弈？
3. 立足于利益相关者视角，有哪些措施可以让特岗教师引得进、留得住？

第六章　教育政策的程序公正

在现实社会中，有许多教育政策之所以不能表达公共利益的要求，其中一个重要的原因就在于决策过程中，程序设计不合理。如，没有建立良好的公民参与机制，社会公众的意志没有得到完整的表达，最后政策体现的只是少数人利益或者是决策者主观臆想的结果。正如教育政策内容的分配方案存在着公正与不公正之分一样，教育政策的决策过程自身也存在善与恶之分。决策过程的公正与否直接影响着教育政策方案的质量。邓小平同志曾经指出，我们过去发生的各种错误，固然与某些领导人的思想、作风有关，但是组织制度、工作制度方面的问题更重要。这些方面的制度的好可以使坏人无法任意横行，制度不好可以使好人无法充分做好事，甚至会走向反面。① 对于政策活动而言，工作与组织制度的实质即是政策的程序问题。对于事关千万学生命运、亿万家庭幸福的教育政策而言，能否建立科学民主的决策程序、广开渠道、多方听取不同意见，直接影响着教育政策方案的公正性，同时该项工作本身也是教育政策伦理的一项重要内容。

---

① 《邓小平文选》（第 2 卷），北京：人民出版社，1994 年版，第 333 页。

一、案例描述："扩招"经历了怎样的决策过程？①

又是一年高考时。2000 年前后的大学生，对一个中国特色的词汇都很熟悉："扩招"。对于扩招的功过是非，学者、媒体、公众都有评价。

上海财经大学公共管理学院学者汪庆华在学术期刊 *The China Journal* 上撰文，回顾了扩招的前前后后。他认为，扩招体现了"游击队决策风格"。

按照韩博天和裴宜理先前的定义，所谓"游击队决策风格"是与机制化的正常官僚决策机制相对的，其特点是政治挂帅、重意识形态，多采取群众动员方式，不确定性强。

教育部曾认为"扩招时机未到"

回顾中国的教育政策，延安时期削弱职业教育家的权限，实施群众路线和群众运动，采取基于阶级的教育观。类似的教育管理风格至改革开放时期有了变化：虽然仍坚持政治挂帅，但非职业教育人士对决策的干预频率和程度减少。在 20 世纪 90 年代，教育决策逐步走向标准化和常规化。

那时，教育政策的决策有几个层级。教育部作为日常政策的最高行政决策机关，得到国家教育发展研究中心的政策支持。同时，教育部经常性征求学者、主要教育机构和相关部门的意见。当然，重要决策仍需最高领导层拍板。

扩招政策于 1999 年 6 月出台。此前，按照国家教育发展研究中心上世纪 90 年代初制定的规划，高等教育需"稳步发展"，到 2000 年，规模达到 600—650 万人，到 2010 年发展至 1000 万人。"高等人才供应应适当小于需求数量。"

从 1996 年开始，人们开始热议：如何让 18 岁至 22 岁的中国青年接受高等教育的百分比达到 15%，并有人攻击教育部的政策过于保守。一些学者更

---

① 改编自宿亮：《"扩招"经历了怎样的决策过程？》，《青年参考》，2014 年 6 月 4 日，第 3 版；《"高考扩招之父"汤敏：大学扩招真的扩错了吗？》，《记者观察》，2017 年第 8 期，第 73—75 页。

进一步主张教育"适度超前发展",提出 2003 年入学率达到 18%,2010 年达到 34%。

教育部回应:扩招时机未到。第一,财政拨款不足,需要多元化资金来源,如发展民营大学。但这种方式也需逐步开展,而且要避免民营大学学费过高、教育资源不足、盲目开设热门专业等情况。第二,就业存在潜在危机。中国大学生传统上被理解成精英,应在大城市工作,毕业生大规模增加可能危及社会稳定。第三,当时,教育的计划经济色彩依然强烈,学生包分配,急需整套市场化改革,之后才能谈扩招。

由经济学家提出的扩招建议

不过,为了回应批评,教育部还是提出了新的振兴计划,修改高教发展口号为"积极稳步发展",打算入学率在 2000 年达到 11%,到 2010 年接近 15%,同时推行教育市场化改革。按规划,1999 年入学大学生比 1998 年增加 23 万,提升 20.4%,就业由学生自行解决,学费适当上涨。

但是,事后看来,1999 年实际入学人数增长 47.4%,增长速度是 1994 年至 1998 年年增长速度的 15 倍。规划与现实之间究竟发生了什么?

汪庆华在文章中指出,中国 1997 年开始进入社会震荡时期。国企改革开始,大量职工下岗。随即发生亚洲金融危机,私企同样受到冲击。再加上城市化进程发展,整体社会矛盾加剧。1998 年失业率达到 7.9% 到 8.5%,是 1949 年以来最高的一年。面对经济困难,中央提出拉动内需。此时,经济专业分析人士提出,教育是为数不多的几个供小于求的领域。

汤敏是 1977 年恢复高考后的第一届大学生,考入武汉大学数学系,毕业后在武大任教两年,又到美国伊利诺伊大学攻读经济学博士学位,后来加入亚洲开发银行工作。汤敏一直在经济领域工作,在亚洲开发银行的工作主要负责就经济政策给各国政府出招。当时的背景是 1997 年开始的亚洲金融危机,其所在的亚洲开发银行总部处于金融危机风暴核心的菲律宾。亚洲开发银行又是全世界拯救亚洲金融危机的核心组织之一。当时国际货币基金组织、世界银行、亚洲开发银行,都拿出大量的钱来救助金融危机。那是亚洲有史以来第一次在没有任何准备的情况下突然遭遇的一次大危机,形势非常严峻。

金融危机于1997年下半年开始，1998年愈演愈烈。适逢汤敏到国内出差，感到中国虽然不是亚洲金融危机的重灾区，但是受到的影响却很大。很多人预测中国就是下一步被波及的对象，最大的问题会出在中国。当时国家的反危机措施有数条。加快基础设施建设，扩大内需，保证8%的经济增长率是核心的几条。扩大内需的政策中包括房地产改革，鼓励大家买房子，鼓励大家买汽车，买冰箱等等。在当时经济一片萧条、风声鹤唳的情况下，老百姓捏着钱全都不敢动。通过对国内情况的了解，汤敏觉得这种经济刺激措施在那种情况下很难奏效，而唯一有可能起效的就是教育，因为即使在困难的情况下所有的家长还是愿意把钱花在教育上，教育不仅是消费，它实际上也是一个投资，是为你的下一代、为你的孩子，为你的家庭，也是为国家的未来在投资。汤敏从如何通过刺激消费来帮助国家走出亚洲金融危机的角度，提出了扩招的建议，不仅是刺激消费，而且是让老百姓把钱花在他们觉得有意义的事情上。

1999年2月9日，《经济学消息报》刊登了汤敏及夫人左小蕾的公开信，陈述支持大学扩招的重要理由：其一，当时中国大学生数量远低于同等发展水平的国家；其二，1998年国企改革，大量下岗工人进入就业市场，如果大量年轻人参与竞争，就业将面临恶性局面；其三，国家提出保持经济增长8%目标，扩招前经济增长率为7.8%，急需扩大内需，教育被认为是老百姓需求最大的；其四，当时高校有能力消化扩招生，平均一个教师仅带7个学生；最后也是最重要的，高等教育的普及事关中华民族的整体振兴。在此基础上，建议"有关领导"推动在此后三到四年中让高校学生数量翻番，新增学生自行支付每年1万元学费。他们相信这会带动240亿学费及其他相关消费，并刺激10000亿相关投资，使GDP增长0.5%。公开信引发社会的热烈讨论。

当年3月，发改委在一份涉及当时经济与社会发展情况、任务的文件中，第一次把扩招列为刺激国内需求的一揽子计划中的重要组成部分。

紧接着，国务院4月要求教育部修改1999年高校招生计划。

事实上，教育部门对扩招一直持保留意见。为了避免政策过度超前，教育部委托北京大学高等教育中心做可行性报告。这份报告提出，扩招对经济刺激作用有限。与汤敏和左小蕾的结论不同，北大高教中心认为，在全国119个经济部门中，教育对国内消费和经济的刺激排名在100名之后。学费收入增加估计131亿元，带动其他投资309亿元。

但这份报告没有对最终的政策制定产生影响。6月初，最高领导层在短时间内作出了扩招决定。教育部当时负责高校工作的官员回忆，时间紧迫，但最终还是决定当年立即实施扩招计划，"摸着石头过河"。教育部原学生司司长、大学扩招的操刀人瞿振元表示，扩招时，招生并轨改革并未完成，对此教育部内部也有争论，"决策后，对于我们操作部门来说，也议论过是1999年做还是2000年做，中央确定，当年就扩招。你想想，五六月份确定扩招，7月份就考试，9月份就入学，留给工作的时间是很紧张的。我当时开了一个玩笑，我说食堂24小时开，问题不大，最大的问题是住宿，总不能一个宿舍倒着轮班住吧，一些领导就笑了。当时准备工作很仓促，但扩招工作有条不紊，保证了当年顺利录取，入学。"

1999年6月，教育部在高考前不久公布新的招生计划，计划招收人数比上一年增加50万。而就在此前一年，入学人数增量不足10万。

汪庆华认为，扩招这一重大教育决策的作出没有遵循正常的决策流程。最初的建议是由经济学家，而不是教育专业人士提出；政策方案是由发改委，而不是国家教育发展研究中心提出。决策时间过短，政策形成、决定、实施三步几乎同时进行。

文章指出，扩招决策对经济结果的考量超过了对教育本身的考量，决策过程是典型的"游击队决策风格"，并不专业。

问题：

1. 在高校扩招问题上，涉及了哪些利益主体？案例中有哪些利益主体在高校扩招政策决策过程中发出了声音？还有哪些主体的声音没有得到倾听？

2. 在教育政策的决策过程中，程序公正一般包括哪些要求？

3. 如果重新对高校扩招进行一次决策，有哪些举措可以在尽可能短的时间内保障利益相关者参与到决策过程中来？

二、问题聚焦：教育政策程序公正及其重要性

1999年的高校大扩招政策是中国高等教育发展史上的重大事件，它使我国高等教育跃上了跨越式发展的快车道。在案例中，为何有学者认为我国的高校扩招政策体现了"游击队决策风格"？从案例报道内容来看，高校扩招政策确实存在着经济专家建议、最高领导层决策、在未大面积征询高校管理者意见基础上，就迅速出台政策，快马加鞭扩大高校招生规模。一定意义上讲，高校扩招政策的决策过程是一种非常规的重大决策，高度考验领导人与决策者的战略智慧。一般来说，我们不能期望所有的或者大多数的教育政策都像高校扩招政策一样进行非常规决策，因为这样的决策不确定性太高，决策风险巨大，稍有不慎甚至就会产生严重后果。

为了规避与预防决策风险，各国政府在公共政策制定过程中会通过设置一定的步骤与规则，以在形式上不断提升与保障政策方案的科学性与合理性。

（一）教育政策程序公正的内涵

在现代社会，"程序"是一个人们在众多领域频繁使用的概念。从词义上来说，程序一般是指事情进行的先后顺序，其常被泛指一种人为的且带目的性设定的，依照某种次序安排所进行的步骤，譬如会议程序、办公程序、操作程序等。从总体上而言，根据程序作用的领域可以将其分为自然程序和社会程序两大类。自然程序体现的是自然事实或者事件演化的过程或者先后顺序，而社会程序反映的则是人类社会实践活动过程或者先后顺序。对于自然程序而言，其主要依据自然法则展开运动，反映了自然界进化演变的过程，它是人类社会自然科学研究的领域与对象，人类的实践活动对其影响微乎其微。而社会程序则产生于人类的目的性选择与安排，它是人类理性选择并参与其中的人为过程，属于社会科学的研究领域。

1. 教育政策程序

教育政策程序，是指教育政策主体在制定与实施教育政策活动的过程中所应遵循的基本规则和流程安排。

教育政策方案是社会公众意愿的集中反映，是由以政府为代表的公共权力组织及其成员制定与实施完成的。但是如何才能保证教育政策的决策者与执行者大公无私、全心全意为社会大众的公共教育利益服务呢？

一般而言有两个基本途径或方式：一是从政策主体的角度出发，对政策主体的素质提出要求，要求政策主体必须具有高度的公正感与责任感；一是从程序的角度，设置特定的程序，无论任何人来决策与执行政策，都会选择公正或大致公正的结果。但是就如同分配蛋糕的游戏一样，谁能够保证分配者不存私心呢？尤其是在现实社会中，如同知法却又犯法一样，在许多时候人们知道什么是公正的，但是偏偏不按公正的规则行事。因此，这就需要在制定与执行教育政策的过程中，设置一定的程序与规则，以保证无论任何人来制定与执行教育政策，都可以达到大致相当的结果公正。

一定意义上讲，程序的实质就是"管理和决定的非人情化，其一切布置都是为了限制肆意、专断和裁量"。[①] 因此，在教育政策活动中，对于政策程序的强调与设置，是对政策主体可能的肆意"恶"行为的一种必要约束。正如英国谚语所言："公正不仅要实现，而且要以看得见的方式实现。"教育政策程序是人们为了实现共同的价值目标，享受公正的结果而设置的。

2. 教育政策程序公正

教育政策程序伦理是相对于教育政策的实质伦理而言的。如果将教育政策的内容伦理称为"实质"伦理，那么，教育政策的程序或过程伦理则可以称为"形式"伦理。正如分配蛋糕一样：现在有十个人来分一块蛋糕，假设公正的分配是每个人都得到平等的一份，即一块蛋糕的十分之一。对于教育政策的实质公正来说，它关注的是分配的结果，即每个人平等分得整个蛋糕的十分之一；而对于教育政策程序伦理来说，它关注的是如何分配的过程与程序，即如何设计出一种程序保证每个人都能够获得整个蛋糕的十分之一。对于分配蛋糕的实质公正而言，关键是寻找一位公正的分配者，但是谁也无

[①] 季卫东：《法律程序的意义——对中国法制建设的另一种思考》，《中国社会科学》，1993年第1期。

法保证分配蛋糕的人毫无私心；而对于程序公正而言，关键则是设计出这样一种程序，即分配蛋糕的人拿最后一块，这样无论是谁来分配，都可以保证分配结果的公正。

正如英国学者戴维·米勒（David Miller）所言，如果说教育政策的实质公正关注的是"在任何时候，不同的个体由此享有各种资源、商品、机会或者权利的事实状态"，与之相对，教育政策的程序公正关注的则是"一个机构——一个人或一种制度——向若干其他人分配利益（或负担）的规则或途径"。① 对于教育政策的实质公正而言，其公正结果的获得或者达到要依赖于程序的公正合理。在一定程度上，教育政策的程序公正直接影响甚至决定着教育政策的结果公正。程序公正是实现结果公正的理性选择，是实现结果公正的最佳的方式与步骤选择。

教育政策程序公正是指在制定与实施教育政策的过程中，能够按照合理的顺序、方式与步骤，以有效实现公共利益的行动秩序总和。教育政策程序公正所要解决的根本问题在于通过设置一定的步骤、方式与顺序以保证教育政策能够真正代表与实现人民群体的公共教育利益。

一般而言，教育政策内容要尽可能充分、真实地反映和表达社会大众的教育利益需求，就要做好两项基本工作。

其一，要赋予利益主体表达自身需要、参与决策、进行监督的权利与机会，以保证社会大众能够真正地表达自身的教育利益需求。换言之，社会公众参与决策的过程，即是政治生活民主化的过程。只有民众广泛参与决策过程，才能保证社会成员多样化的教育利益需求得以充分的表达，才能保证社会成员对政策选择方案自觉地认可与遵守。政策程序民主化的核心问题是人民的参与过程，人民的参与过程是实现民主的根本途径，参与本身就是一种人民行使民主权利的表现。② 教育政策程序的民主化问题主要表现为：公众或

---

① ［英］戴维·米勒著，应奇译：《社会公正原则》，南京：江苏人民出版社，2001年版，第102页。
② 俞可平著：《权利政治与公益政治》，北京：社会科学文献出版社，2000年版，第126页。

利益主体享有自由表达自身利益需求的权利和机会的状况，利益相关主体参与决策的渠道与平台、参与的制度设计与秩序安排状况等。

其二，要通过一定程序与过程的科学设置，使得能够从社会个体千差万别的教育利益中总结与归纳出公共教育利益的内容。换言之，社会个体的教育利益如何真正转化为公共教育利益的过程，就涉及了教育政策程序的科学化问题，即通过科学设置一定的决策流程及对相应规则的遵守，尽量保证政策方案的合理有效。教育政策程序的科学化问题表现为，政策信息的收集与梳理、决策议题的选择与确立、政策方案的咨询与论证、决策方案实施的调适与监督、政策的评价与终结等政策活动环节的完备以及在不同阶段对现代科学决策方法与机制的运用状况等。

教育政策程序的民主化有利于保证教育政策方案的选择符合社会大众的教育利益需求，有利于提升政策的合法性水平。一项好的教育政策不仅是一项令社会大众满意的政策，同时，还要保证其是一项正确的决策。如果说教育政策程序的民主化解决的是前者，即尽量保证政策令社会大众满意，那么教育政策程序的科学化解决的则是后者。教育政策程序的科学化与民主化问题是相互依存、相互促进的。没有教育政策程序的科学化，不运用科学的决策方法与手段，凭经验拍脑袋决策，就不可能真实、有效地反映不同主体的利益需求，制定出的教育政策方案也就无法有效地解决现实的教育问题；而没有教育政策程序的民主化，社会大众不参与到政策过程中，制定出的政策方案也就无法充分、全面地反映出不同主体的教育需求，相应的，政策方案也就无法获得社会大众的认可与遵循。

（二）教育政策程序公正的重要性

在教育政策活动中，强调与设置公正的政策程序，既是对政策主体可能的"恶"行为的一种必要约束，也是人们为实现政策结果公正的理性选择，促进教育的良序与健康发展具有重要意义。

其一，有助于保证社会成员参与教育政策过程，保证与维持他们的基本权利与尊严。

教育政策事关千家万户的切身利益。在现代民主社会，任何一名社会成员都有权力参与到教育政策过程中,为维护与争取自身的正当教育利益而行动。而保证社会成员参与教育政策过程的基本权利,即是正当程序的重要内容与基本原则之一。通过保障社会个体或群体成员积极参与到教育政策过程中,通过合法的渠道与途径将其教育利益与意愿需求表达出来,唯有如此,社会个体的教育利益才有可能在教育政策方案中被普遍地表达出来;同时,政府部门通过积极地聆听不同社会成员的利益表达,才能保证其制定的教育政策方案能够真正代表公众的共同教育利益。此外,作为社会的基本构成分子,"一切人,或者至少是一个国家的一切公民,或者一个社会的一切成员,都应当有平等的政治地位和社会地位"。[1] 每位参与教育政策过程的人员,只有角色和地位的不同,没有身份上的贵贱之分。

其二,有助于营造一个自由、平等与对话的环境氛围,协调不同社会成员与群体之间复杂的教育利益冲突与矛盾。

随着现代化进程的推进和市场经济的发展,现代社会成员之间的差异成分日益增多,社会利益结构也越来越复杂。因此,在教育领域内,不同社会个体与群体之间的教育利益需求也随之越来越多元化。但是不同社会个体与群体的政治力量与资源是不同的,因此,如果没有一个公正的程序限制,强势社会成员及其群体就有可能侵占与损害弱势社会成员的教育利益。公正的教育政策程序营造的是一个自由的平等对话平台,不同社会个体与群体的教育利益需求都可以在教育政策过程中充分地表达与谈判,社会各方的意见都可以得到充分的倾听与考虑。也许就某一具体事件来说,某个社会群体会明显"获利",然而这种获利是通过公众协调与谈判得到的结果,是能够被社会各方面利益群体所共同接受的。当前,整个社会分化趋势日益加剧,如果任由各个社会群体之间的摩擦与冲突发生,必然会造成对于社会整体利益的损害。因此,在教育政策过程中,公正程序所建立的公平、公开的协调与仲裁机制,将有利于不同社会群体之间寻找到共同的教育利益,以最大限度地实现全体社会成员的公共教育利益。因此,从长远来看,公正的教育政策程序

---

[1] 《马克思恩格斯选集》(第3卷),北京:人民出版社,1972年版,第444页。

不仅有利于防止社会强势群体侵占甚至左右教育政策的公共利益取向，而且还有利于协调与减少不同社会成员与群体的教育利益冲突和矛盾，充分考虑弱势群体的教育利益，从而促进教育与社会的健康、和谐发展。

其三，有助于限制政府权力对于教育公正的不当干扰，提高社会成员对政府与国家的信心。

政府所行使的公共权力与广大公众密切相关，是公众赋予与委托代理的，也是为公众服务的。但是，由于权力的过分集中或者行使权力的政府官员的贪污腐化，权力就可能会被滥用，从而使得权力成为获取不当利益的工具。表现在教育领域，即政府部门在制定与执行教育政策时会明显地表现出一种特定的利益偏好，这将直接损害社会公众的教育利益。此时，公共教育权力主体的形象与声誉就会损害，民众就会对其产生怀疑、厌恶、鄙视情绪，进而影响到对于政府与国家的信心。恰恰是因为上述原因，在人类社会政治生活的进化过程中，人们才理性地选择了通过有意设置程序来限制政治权力的滥用。一旦设立正当的教育政策程序，社会公众就可以通过公众参与、专业咨询、民主决策、内外监督等途径与方式，在一定程度上阻止公共教育权力与特定利益群体的结合，以维护社会大众共同的教育利益。另一方面，在正当的教育政策程序中，当社会成员的意见与建议为国家和政府所接受时，他们的国家主人翁意识就会增长，参与政治的愿望与信心就会更加强烈，从而对国家与社会的信心也会更强。

其四，有助于减少教育公正实现过程中的技术性失误，减少程序过程中不必要的成本耗费，提高政策效率。

在现代社会，一个国家与地区的教育活动越来越复杂，对于教育管理活动所提出的要求也越来越多。这就会对制订与实施教育政策的程序方面提出许多技术性与操作性的要求。如在教育政策问题的择定方面，对于相关信息的充分收集、整理与分析是必不可少的。而信息收集的渠道、方式等具体技术性与操作性的内容将直接影响到所收集到信息的全面性与代表性。如果在这些方面出现技术性失误，或者在整个教育政策过程中因为部门环节与程序的缺失，将会导致一种随意、盲目的决策，进而导致一种低效或无效的政策效果。在现代社会，很多教育问题都具有很强的时效性。因此，如果决策拖延或者过慢，在此种非公正的程序中就会过多消耗物质与精神成本，增加程序参与者的负担，导致政策低效。正如英国法律名言所称："迟来的公正是非公正。"此外，过急或者过快的决策也不能体现教育政策程序的公正性。一方面，如果决策过程过急或者过快，就有可能使利益相关者无法充分参与到政策过程之中，其权益就会受到忽视；另一方面，过急的决策也会导致对于教育政策方案的考虑欠周全，忽视教育政策之间以及教育政策与其他社会政策之间的关联性，从而都会影响到教育政策的效果与效益。

三、理论阐述：教育政策程序公正的基本要求

教育政策的公平公正不仅要实现，而且还要以看得见的方式实现。这就要求在制定与实施教育政策的过程中设置必要的程序与规则，在形式上保障教育政策方案的合理公正。

（一）教育政策程序的构成要素

从教育政策过程或程序的角度来看，研究者常常将教育政策程序划分为教育政策的制订、教育政策的实施、教育政策的评估、教育政策的监控与总结等步骤与环节。但是，如果深入分析一下教育政策全过程以及教育政策过程的各子环节，就可以发现教育政策程序中一些相同的构成要素。具体而言，包括以下方面。

1. 教育政策主体

教育政策问题起源于不同社会成员教育利益需求的纠纷。当利益纠纷与矛盾的范围扩大到一定程度后，就必然要求代表公共权力与公共利益的政府部门及其成员，即教育政策主体来解决与协调纠纷。公正的教育政策程序必然要求政策主体在处理不同社会成员的教育利益纠纷的过程中保持"中立性"。正如英国的"自然公正"观念，其中一项就是"任何人都不应当成为自己案件的法官"，或者按照美国学者马丁·P. 戈尔丁（M. P. Golding）的解释，就是包括"与自身有关的人不应该是法官、结果中不应含纠纷解决者个

人利益、纠纷解决者不应有支持或反对某一方的偏见"[①] 等三个方面。这项要素的内容还包括决策者的选择、决策者的资格认定等。

2. 教育政策目标群体

尽管政策的目标各式各样,类型千差万别,内容五花八门,但是它总代表着对一部分社会成员的利益进行分配或协调,对一部分人的行为进行规范或者指导。这些受到政策影响或者制约的社会成员即是政策的目标群体。恰恰是教育政策的目标群体之间存在着利益分歧或者利益冲突,教育政策程序才得以开始,教育政策程序或过程就是政策目标群体之间意见分歧或者利益冲突关系的进一步延续与展开,并且,教育政策过程也正是借助于当事人之间的相互行为与关系,由政策主体的参与来实现的。由此可见,对于教育政策程序的构成要素而言,当事人或者说教育政策的目标群体是必不可少的。也正是因为教育政策的目标群体之间存在着利益冲突或竞争,才使得各方教育利益的协商与让步成为可能,也意味着教育政策问题是可解的。

3. 教育政策问题信息

公共教育问题是教育政策过程的起点。从抽象意义上讲,它表达的是实际状态与社会期望状态之间的差距,且这种差距或偏差引起了较为广泛的紧张的社会关系。但是,公共教育问题是客观存在的,并不意味着其可以转化为政策问题,教育政策问题的认定是需要人们来觉察、认识与定义的。在政策问题的认定过程中,关于教育政策问题的信息,即相关的事实、知识、资料、证据等是影响人们对于政策问题的觉察、认识与定义的重要影响因素。无论对于政策主体来说,还是对于政策的目标群体来说,足够的信息都是十分必要的。否则,对于政策主体而言,没有足够的信息,他们就有可能对于政策问题的认定产生偏离,从而制定出的政策方案无法真正反映与代表社会公众的公共教育利益需求;而对于政策目标群体而言,没有足够的信息,他们就有可能无法全面认识到政策方案的目标与意义,曲解政策主体的意图,

---

[①] [美] 马丁·P. 戈尔丁著,齐海滨译:《法律哲学》,北京:生活·读书·新知三联书店,1987年版,第240页。

从而无法拥护与支持真正代表他们利益的教育政策方案。

足够的信息包括"质"与"量"两个方面。从"量"上来讲,要大量搜集相关信息,量多才能意味着对于政策问题的认可与定义不是盲人摸象,而能从多个方面与角度真正地认定政策问题。而从"质"上而言,则意味着信息要多样化、合法化与公开化。① 具体而言,多样化是指关于教育政策问题信息来源的多元化、多渠道;否则信息来源于一个方面就容易造成偏听偏信。比如在制定教育政策的过程中,由政府或政府职能部门单方面提供资料信息,显然欠妥。合法化是指关于教育政策问题以及在教育政策展开过程中的相关信息的来源应该是合法的,即通过正当途径获得。公开化是指关于政策的相关基本信息应该公开透明。在教育政策程序的设置与展开过程中应当及时发布、公开关于教育政策问题以及在教育政策展开过程中的相关信息,一方面可以使政策目标群体及时了解政策过程,另一方面也可以使政策主体处于广大政策目标群体的监督之下。

4. 参与和对话

教育政策是政府部门做出的权威性的价值分配,政策方案一旦实施就可能强制性地影响到每一位社会公众的教育利益。因此,为了保证政策方案与结果的公正,每一位社会成员都应该有权利在教育政策过程中表达自己的意愿与主张。

正如美国法学家萨默斯(Robert S. Summers)所言:"与程序的结果有利害关系或者可能因该结果而蒙受不利影响的人,都有权参与该程序并得到提出有利于自己的主张和证据,以及反驳对方提出之主张和证据的机会。"② 因此,所有的社会成员,至少是与政策有利害关系的社会成员都应当有权参与公共政策过程。同时,在现代民主社会中,"民主是一种管理体制,在该体制

---

① 孙笑侠:《程序的法理》,北京:中国社会科学院,博士学位论文,2000年,第17页。
② 参见陈瑞华:《通过法律程序实现正义——萨默斯"程序价值"理论评析》,载《北大法律评论》(第1卷),北京:法律出版社,1998年版,第188页。

中社会成员大体上能直接或间接地参与或可以参与影响全体成员的决策"。①民主体制的建立也为社会成员参与到公共政策过程中奠定了相应的制度基础。美国学者达尔（Robert Dahl）曾指出："每个公民都应当具有充分的、平等的机会来发现和论证对有待决定之问题的可能最好地服务于公民利益的选择……因为公民的诸善或利益要求关注公共的诸善或利益，所以公民应当有机会去获得对于这些问题的理解。"② 因此，就教育政策程序的基本构成要素而言，社会成员能否参与政策过程，是决策过程是否公正的重要前提条件。

在政策过程中，随着社会成员参与的深入，社会成员之间便会进行对话与协调。对话包括社会成员之间的对话与社会成员与政府部门之间的对话两个方面。前者的对话与协商，可以保证不同社会个体与群体寻找到利益均衡点；后者的对话与协商，则可以保证社会公众把自己的内心呼声传达给政府部门，从而使政府制定的政策方案真正代表与体现公众的共同利益需求。在教育政策过程或程序中，通过参与和对话，社会成员意见就可以获得政府与其他社会成员的聆听，他们的合理要求就可以得到正当表达并被吸收。保障与加强社会成员的政策参与及对话，可以保证公共服务更适合他们的需求，促进一个更开放、更具回应性的公共官员体系形成，以及建立对政府和公民自身更加积极和正面的认识与情感。③

5. 结果

任何程序的目的和功能都是为了解决纠纷与问题的，恰恰是问题关系的展开与解决构成了程序的环节与过程，但是程序的每一个子环节或者整个过程都必然会有一个最终的决定或结果。因此，在教育政策过程中，所谓结果是指在教育政策过程的每一个子环节以及全过程中产生的，根据事实和正当

---

① ［美］科恩著，聂崇信、朱秀贤译：《论民主》，北京：商务印书馆，2005年版，第10页。

② R. A. Dahl, Democracy and its Critics. New Heaven: Yale University Press, 1989, p. 112.

③ ［美］约翰·克莱顿·托马斯著，孙相瑛等译：《公共决策中的公民参与：公共管理者的新技能与新策略》，北京：中国人民大学出版社，2005年版，第29页。

理由作出的最终决定。在政策过程中，正当程序展开的方式可能是强制性的也可能是协商性的，但是任何政策程序的展开都是无法逆转的。程序展开的"不可逆性"决定了正当教育政策程序的结果无法变更，或者说结果具有强制性。除非这一政策程序已经结束或者进入到另一个政策程序之中，否则社会成员就必须接受这一正当教育政策程序的结果。

（二）教育政策程序公正的基本要求：以看得见的方式实现教育公正

西方的程序公正早期只适用于立法和司法领域，为公共权力的行使程序提供了基本的公正准则。它包含两项最低限度的程序公正标准：其一是"No man should be a judge in his own case"，即"任何人都不应当成为自己案件的法官"；其二是"No one should be judged without a hearing"，即"当事人有陈述和被倾听的权利"。到 19 世纪末和 20 世纪初，伴随着行政权力的不断扩张，程序公正逐步向行政领域渗透，并逐步占据重要位置。公共政策过程中的程序公正便是程序公正原则在公共行政领域分化与扩张的产物。

在教育领域中，政府部门制定与实施教育政策的根本目的是为了实现社会大众的公共教育利益。因此，在教育政策过程中，为了保证与维护教育政策的公共利益取向，为了限制政府行政人员对于公共权力的肆意行使，设置合理、公正的教育政策程序就变得十分必要。尤其是在现代多元社会，由于利益需求的差异，使得不同社会个体或群体之间的利益冲突与矛盾无法避免，社会个体与群体之间的利益冲突说到底是价值差异与价值冲突的问题。因此，"在一定条件下，把价值问题转换为程序问题来处理也是打破政治僵局的一个明智选择"。[①] 在现实生活中，经过大量的政策实践，人们总结出一系列政策程序公正的基本要求。一般而言，教育政策程序公正的基本要求包括如下方面。

1. 多方参与

多方参与，是指不同社会成员能够积极参与教育政策过程。在教育领域

[①] 季卫东：《法律程序的意义——对中国法制建设的另一种思考》，《中国社会科学》，1993 年第 1 期。

中，制定与实施教育政策的目的就是为了实现公共教育利益。但是公共教育利益不是政府部门主观臆断的利益，也不是任何一个利益集团的特殊利益，而是社会成员的共同利益，是社会成员为了更好地生存与发展而必须让渡出来的个人利益的共同部分。因此，从教育政策程序公正的基本要求来看，为了能够使公共教育利益真正代表不同社会成员的个体利益，为了保证个人教育利益能够真正转化为公共教育利益，就必然要求社会成员能够积极参与到教育政策过程中。

在现代民主社会，参与政策过程，参与国家的政治生活，是公民的一项基本权利与义务。而且，随着现代社会民主化进程的推进，社会成员的政策参与意识与维权意识普遍高涨。因此，在制定与实施重大教育政策时，应当也必须让多方社会成员参与到政策过程中，要允许政策影响到的利益相关者能够充分地参与和表达他们的意见。在教育政策程序中，允许多方参与，一方面有利于政策目标群体中的利益相关主体有机会充分地参与其中，提出自己的主张、意见，并与其他各方展开有意义的论证、说服和交涉。这不仅体现出一种对人的基本权利与尊严的尊重，而且能使通过这种方式制定出来的教育政策易于被人们接受，因为这是人民自己制定的教育政策。另一方面，还有利于教育政策程序的透明，阻止政策过程中的诸多流弊，提高政府部门的声誉。

2. 平等对待

平等对待是指社会成员在参与教育政策的过程中具有平等的地位且得到平等的待遇。通过参与教育政策过程，社会成员有了表达自己意愿与心声的机会与渠道，但是在这一过程中，因不同社会成员的能力、社会资本等各种因素存在差异，因而就可能使得政府部门在对他们的态度与方式上会存在差异，从而不同的社会成员在同一件事情上就会受到不公正的待遇。这样的处理方式必然会影响到教育政策结果的公正。因此，平等对待原则也是教育政策程序公正的基本要义之一。

教育政策程序公正中的平等对待包括两层含义。其一，社会成员或教育政策目标群体中的利益相关者在参与教育政策的过程中，他们的政治权利与地位是平等的。任何一个参与教育政策制定过程的公民都有表达意见的平等权利,每一位公民都有关于教育决策的投票权利,每人只能代表一票,不能代表更多。其二,政府部门在教育政策过程中给予参与者的机会是平等的,对于参与者的主张、意见与利益应给予同等的尊重和关注。政府部门对于公民的平等对待意味着对于每一位社会公民不能因为任何一方的年龄、性别、社会地位等方面的差异而加以歧视。教育政策程序公正的平等对待原则既强调规则面前的人人平等,反对任何人操纵程序规则,做出偏袒和专断之举,又注重对所有相关方的要求给予同样的认可,避免在一些利益相关的要求之间进行硬性排队,从而确保所有参与者受到平等对待,进而最大限度地实现教育政策的结果公正。在教育政策过程中,政府部门对于参与者的平等对待,包括两项基本内容:一是政府部门对参与者提供平等的机会、便利和手段;二是政府部门要对参与各方的意见与信息予以平等关注。需要指出的是,这里的平等不是平均,而是"同等情况同等对待",即"个人和权力机关应对同等情况下的他人一视同仁"。① 这也意味着在特殊情况下要"差异对待"。如对于参与者或教育政策目标群体中的弱势一方,在政策程序上就要给予他们一定程度的特殊保护,以保证他们拥有与强者实际上平等的参与权利与机会。

3. 公开透明

公开透明,是指在教育政策过程中,政府公务人员的一切政策活动除因涉及国家秘密并由法律规定不得公开的以外,一律公开。公开透明是对教育政策程序公正的基本要求,"每个人都有这样的权利,即可以公开得到或可以得到足以充分显示一个用于他的裁决程序是可靠和公平的信息。他有权利得知他是在受某种可靠和公平的体系处理……当这种信息是可以公开获得或为他所获得时,他就能知道这一程序是否可靠和公平"②。

在现代民主社会中,由于主客观条件的限制,社会公众不可能全部参加

---

① [德]柯武刚、史漫飞著,韩朝华译:《制度经济学:社会秩序与公共政策》,北京:商务印书馆,2000年版,第93页。
② [美]诺齐克著,何怀宏等译:《无政府、国家与乌托邦》,北京:中国社会科学出版社,1991年版,第107—108页。

对国家的直接管理，尽管随着社会与民主的发展，人民直接行使权力的范围有不断扩大的趋势，但间接制民主（或称代议制民主）仍是国家政治管理的主要形式。国家各级行政机关是集中代表社会大众公共利益的公共机构，但是如何才能保证作为"人民公仆"的政府公务人员及其组织能够按照人民的意志行事，准确、适当地行使国家公共权力，使政府的公共政策真正为人民的公共利益服务呢？教育政策活动中公开透明的基本要求，就是应该让社会公众了解政府公共政策的活动过程及其结果。换言之，即政府部门在制定与执行公共政策的过程中必须公开自己的活动，即"公开自己的意见，公开自己的行为，公开办事结果"。唯其如此，才能一方面实现公民的知情权，满足公民对信息的需要；一方面增强公民对政府部门的信赖，加强对政府组织的监督，防止其权力腐败。

教育政策活动包括决策与执行两个阶段。在教育政策程序中坚持公开透明，其基本内容包括：(1) 教育政策决策公开，即政府部门在对教育问题进行决策时，其决策的理由、依据、阶段、方式等应当向社会公众公开；(2) 教育政策执行公开，即政府部门具体实施教育政策的过程应当向社会公众公开，既要让政策目标群体的利益相关者了解，也要让其他公民或组织了解，从而为社会公众和组织评价教育政策方案本身的合法性与合理性提供机会；(3) 教育政策决策与执行的程序公开，即政府部门决策与执行的方式、步骤、顺序向社会公众公开；(4) 教育政策制定与执行的文件、资料、信息情报应当向社会公众公开等。

4. 价值"中立"

价值中立，是指政府部门在制定与执行教育政策的过程中，必须在各种相互竞争的利益矛盾与冲突中保持中立，平等对待不同社会成员及其群体的教育利益需求。教育政策的本质其实就是不同社会群体之间为各自的教育利益进行竞争与博弈的过程与结果。在这一过程中，社会上一些既得利益集团很有可能利用自身的经济、政治与社会等各种力量，与一些政府官员勾结起来，通过权力与政策寻租，强制性地制定一些维护部门甚至于少数既得利益者不合理利益的政策，这样就会严重损害社会公众的公共利益。因此，在教育领域中，通过设置公正的教育政策程序以防止政策寻租，防止利益集团对公共利益的破坏，维护教育政策的公平与公正就变得极其必要。这一过程也就同时要求政府部门在面对各种不同社会群体的教育利益需求时，必须保持价值中立，客观公正地对待他们。

价值中立绝不是意味着政府部门在制定与执行教育政策的过程中不要价值，而是不要有偏见、带主观臆断性的价值，要真正坚持公共教育利益取向。价值中立性是"现代程序的基础"，[1] 在美国学者戈尔丁看来，中立有三项规则：其一，任何人不能作为有关自己案件的法官；其二，冲突的结果中不含有解决者个人的利益；其三，冲突的解决者不应有对当事人一方的好恶偏见。[2] 因此，在制定与执行教育政策的过程中，一要不断提高政府公务人员自身的专业知识素质，使之能够在错综复杂的教育利益竞争中真正识别与确认公共教育利益的内容，以获得社会成员的认可与支持；二要不断强化政府公务人员遵纪守法意识，不得随意省略或删减合理的教育政策程序与环节，真正将教育政策程序落实，以保证公共教育利益的真正实现；三要不断提高政府公务人员的个人修养和情操，一方面使他们能够在大是大非面前坚持立场，坚决维护教育政策的公共利益取向，另一方面也使他们能够在教育政策涉及自身利益的情况下，自觉采取回避措施，维护公共利益的纯洁与公正性。

5. 程序自治

程序自治，是指教育政策的结果不是产生于教育政策程序之前，也不是产生于教育政策程序之中，而是由政策程序自身最终决定的。换言之，即一旦按照公众认可的程序制定与执行教育政策，就要尽量维持由这一程序所产生的政策结果，而不能恣意修改、歪曲或否定其结果，除非经参与者一致同意以新的程序来改变。

程序是一个开放的结构，其自身只是一种形式或规则而无实质内容。但是程序却能够通过促进意见沟通、加强理性思考、扩大选择范围、排除外部

---

[1] 季卫东：《程序比较论》，载《比较法研究》，1993 年第 1 期。
[2] ［美］马丁·P. 戈尔丁著，齐海滨译：《法律哲学》，北京：生活·读书·新知三联书店，1987 年版，第 240 页。

干扰来保证决定的成立和正确性。① 程序虽然是人们有意设置的，但是一旦某一程序被确认之后，其又具有一种权威性，人们必须接受而不得随意变动通过程序而得出的结果。在教育政策程序之中，社会大众拥有充分的自主权与自治权，可以通过各种合法的渠道与方式，充分、平等地表达他们的利益诉求与政策建议，并将会受到公平的对待。政策方案是他们理性协商与辩论博弈而形成的，它不是某一个人或某一集团的特殊利益反映，而是社会大多数成员公共利益的集中反映。因此，在作出一定的教育决策后，这一结果也就具有了形式上的强制性与不可逆性，政府、政府官员以及任何一个公民都应当遵守，经过程序的决定只有运用程序才可以取消，而不得任意废止。

6. 科学合理

科学合理，是指教育政策各个环节与机制的设置要科学、合理、有效。教育政策程序公正不仅要保证社会大众参与决策的机会与权利，同时，还要最大限度地保证社会大众的教育利益可以真正转化为公共教育利益，从而使教育政策方案真正代表广大人民群众的教育利益与意愿。这就必然要求教育政策程序的各环节与机制的设置要具有一定的科学性。

具体言之，首先，教育政策程序各环节与机制的设置要全面、合理。一般说来，教育政策程序要顺次包括信息的收集、问题的确定、议程的提出、决策的选择、方案的执行以及政策方案的协调、评估、修正等多个环节。同时，在各个不同的环节中还要尽可能采用现代科学技术，以保证各个环节的运转与功能得以充分发挥。其中，协调、评估、修正环节与机制尤其重要。这是因为现实环境、社会因素等各方面的因素都会引发产生新的教育问题，同时人们的认识能力又存在着种种局限。在此情况下就意味着许多教育政策的内容需要不断完善，其公正程度才能逐步提高。因而，这就需要对正在进行的教育政策过程定时评估，分析其不足，协调各政策环节，以修正教育政策方案与内容。

---

① 季卫东：《法律程序的意义——对中国法制建设的另一种思考》，《中国社会科学》，1993年第1期。

其次，在教育政策各个环节要保证相关信息收集的充足与准确。一种公平的程序必须努力去揭示与所进行的分配相关的全部信息。即使在能够表明更为独断的做法会产生总体上好的结果的情形中也是如此。① 在教育政策各个不同环节中，政策主体的各种行为都必须依赖于一定的信息。因此，只有保证了相关信息的充分和准确，才能使教育政策程序与内容达致公正具有起码的事实依据，否则，程序公正问题也就无从谈起。

四、案例分析

高校扩招注定是中国当代教育发展史上的值得浓墨重彩的重要教育政策之一。从教育政策程序，尤其是教育政策的决策程序来看，还是存在着一些不足，主要表现在如下方面。

（一）参与主体类型单一

公共政策要代表大多数社会民众的公共利益，这就意味着在公共政策的决策过程中，要广泛动员多元多样的社会民众参与到政策酝酿与讨论过程中。但是，在现实中经常出现利益人"缺席"的状态，利益相关者缺乏表达其利益诉求的渠道与途径。

从高校扩招政策的案例来看，参与扩招政策的决策主体主要是国务院政府官员和少部分经济学家，而教育主管机构和长期实践高校管理的教育工作者却被忽视，处于边缘地位，缺乏对于高校扩招政策的意见表达。首先是经济学家从刺激消费、拉动内需、破解金融危机的角度提出扩招的政策建议，进而获得了政府的重视。但是高校扩招并不是简单的经济消费问题，还涉及课程教学育人、宿舍后勤管理、升学就业等多方面的问题，是一个综合性的教育与社会问题。在高校扩招决策中，着重听取了经济学专家的意见，却忽视了其他专家的视角与意见，这是诸多研究者诟病高校扩招政策的一个重要

---

① ［英］戴维·米勒著，应奇译：《社会公正原则》，南京：江苏人民出版社，2001年版，第109页。

理由所在。

参与主体的类型比较单一,这就意味着参与主体更多从自身的专业知识与工作经验提出意见,而许多教育问题都是综合性、复杂性的社会问题在教育领域中的反映。在教育政策决策过程中,应该积极动员多种不同类型的利益相关者及专家参与,决策主体应充分听取各方意见及利益诉求,综合考量,统筹把握,才能更科学公正地决策。

(二)决策时间短促

从决策时间上来看,从高校扩招政策的酝酿,到扩招政策的颁布实行,仅用了半年不到的时间,即从1999年初,一些经济学家提出把加快发展高等教育作为扩大内需的重要手段引起经济学界的广泛讨论,到1999年6月国务院出台高校扩招政策,其间只有半年不到的时间。对于这样一项影响高等教育全局、影响整个教育系统的重大政策,从问题提出、方案酝酿、文本设计、可行性论证到部署实施,只用了半年不到的时间,决策时间短促,过程迅疾,在公共政策实践发展的历史上是不多见的。

对于重大公共政策而言,决策时间是科学公正决策的一个重要变量。比如长江三峡水利枢纽工程,如果从民国初年的孙中山提出设想,"当以水闸堰其水,使舟得溯流以行,而又可资其水力",到新中国成立后毛泽东同志亲自考察与认真商讨,再到改革开放之后的反复论证,直至1992年第七届全国人民代表大会第五次会议审议通过《关于兴建长江三峡工程的决议》,前前后后历经近一个世纪。只有在时间较为充分的情况下,决策各环节与程序的工作才能有序深入开展,充分考虑各方面的利弊得失,定出合理可行的政策方案。

(三)决策模式单一

从决策模式来看,高校扩招政策主要是由经济学精英建议,决策层进行决策部署,在参与主体类型单一、决策时间急促的背景下,决策模式较为单一,无法确保利益相关者的利益诉求都能够得到聆听与考虑。

研究者指出,自1949年以来,精英决策一直是中国政治的显著特征,尽管改革开放给中国带来了沧桑巨变,但精英决策模式也被保存下来了。[①] 所谓的精英决策模式,是指社会上的少数人是精英,多数人是非精英,精英享有分配社会价值的权力,代表着社会或公众作出决策。在计划经济时代,国家利益高于一切,民众利益服从于国家利益,个人特殊利益服从于集体共同利益。但是伴随着改革开放与市场经济的深化发展,中国社会的利益结构开始发生重大变化,城乡、地域、不同社会阶层、不同社会部门的利益诉求日趋多样化,在此背景下,对于公共政策决策提出了严峻挑战,对需要作出决策的权力精英提出严峻挑战,迫切需要创新决策模式,加强实际调研,加强社会互动,动员民众广泛参与,设置多样的渠道与平台,充分听取不同群体与利益相关群众的诉求,以进行多视角、多领域的广泛咨询与充分论证,不断提高公共决策的科学化与民主化水平。

五、政策建议

1986 年,万里同志在中国软科学会议上曾深刻指出,我国政治体制上的一个重要弊病,就是领导权力过于集中,决策制度不健全。我们至今仍没有建立起一套严格的决策制度和决策程序,没有完善的决策支持系统、咨询系统、评价系统、监督系统和反馈系统。决策的科学性无从检验,决策的失误难以受到及时有效的监督,凭经验拍脑袋的做法仍然司空见惯,畅通无阻,决策出了问题难以及时纠正,只有等到出了大问题才来补漏洞或拨乱反正,而这时已经悔之晚矣。[②] 因此,政治体制改革的一个极为重要的方面,就是要充分发挥社会主义民主,真正实现决策的民主化和科学化。现在我们的决策工作已有很大改进,决策的科学化与民主化水平早已今非昔比,但是决策的科学化与民主化也是一个需要不断优化、不断提升的过程。

[①] 朱水成:《"精英决策"模式下的公民参与研究》,《理论探讨》,2008 年第 5 期,第 156—158 页。
[②] 万里:《决策民主化和科学化是政治体制改革的一个重要课题》,《中国软科学》,1986 年第 2 期,第 3—4 页。

教育政策是我国政策体系的一个重要部分，是事关第一民生的教育工作改革发展的依据。制定公正的教育政策方案需要特定的程序保障。新时期提升教育政策的公正性，需要进一步加强教育政策程序的伦理建设。在教育利益主体的多元化与教育需要的差异化发展趋势不断增强的背景下，当前的教育改革要想真正反映人民群众的教育利益，首要的就是充分听取不同利益群体的声音，让人民群众参与到公共决策中，即应加强公共参与机制建设。同时，教育政策实践是一个渐进调适的过程，一项好的政策也需要在不同阶段及时调整修正。

（一）扩大公共参与范围，健全公众参与机制

公众参与机制，是指公众以不同方式参与政府决策的途径及相关制度安排。教育关系到广大人民群众的切身利益，因此，就更迫切地要求政府采取一定的措施让公众参与决策，以保证民意能够在教育政策的制订过程中得到如实反映。党的十六届六中全会提出，必须"创新社会管理体制，健全党委领导、政府负责、社会协同、公众参与的社会管理格局"。改革开放以来，虽然我国政治文明程度和民主化程度不断提高，但是，在实践中公众参与民主决策权利的实现程度还不尽如人意，公众直接参与政府决策的途径和机会较少，公众间接参与决策的渠道不畅，且公众参与的组织化程度较低。因此，在当前的教育决策领域中，加强与完善公众参与机制建设，需要注意以下方面。

其一，扩大公众参与的范围，保障公众参与渠道。政治参与权是现代社会公民的基本政治权利之一。当前在教育决策过程中，能够参与的公众范围比较单一，带有"精英"色彩，社会弱势群体的参与往往还是一片"盲区"。因此，在公众参与机制的建设中，必须重视扩大参与公众的范围，要注意从阶层结构、职业状况、地域分布等多个角度来选择代表参与到教育决策的过程中，以使政策方案能真实充分地反映出不同社会阶层群体的教育利益吁求。公众参与的渠道与途径是保障民众实现自身教育利益的重要因素。公共参与和利益表达渠道的不畅严重影响着我国的公众参与热情。因此，政府一方面要严格保障公众参与和利益表达渠道的通畅；同时，还要保障公众教育利益

表达的真实、不失真。政府可以通过听证会、信访、民意调查、网上博客论坛、新闻媒体等保障公共参与的渠道，同时，公众也可以通过组成民间教育团体、参加选举，或通过专家学者，甚至法律渠道参与到教育政策过程中。

其二，规范公众参与程序，多样化公众参与的方式。一般而言，公众在遵守国家法律义务、保守国家机密的前提下，其参与的权利和义务包括：调查研究和收集信息的权利，与主管部门沟通协商的权利，调查研究和意见表达受保护的权利，如实反映调查结果和意见的权利等。政府要通过制订相应的规定、办法，保障公众参与的秩序，使公众参与有章可循。如，在教育政策制定过程中，每次会议前应提前公布内容、要求，使参与代表有时间进行相关教育信息的收集和调查研究。在公众参与方式上，在遵守国家法律与法规的前提下，要创新公众参与方式，尤其是随着现代媒体技术的发展，充分利用现代网络媒体发表意见，促进社会民间团体与教育领域的专家学者参与到政府的教育决策中，以使社会各阶层的教育利益能够在政府的教育决策中得到充分、客观的反映。

其三，完善信息服务机制，创设公共对话机制。在现代社会，信息越来越被视为一种重要的资源，在决策过程中，由于信息占有上的不对等，可能会导致强势群体在利益分配中占有优先性。而且，由于政府所处的特殊地位，很多信息为政府优先占有，甚至垄断。因此，加强公众参与机制建设，还须进一步完善信息服务机制。首先，政府相关职能部门应该推行信息公开制度，通过定期将教育信息公布于众，让公众共享信息，从而使他们在参与教育决策的过程中处于平等地位。其次，政府要建立多种信息发布渠道。政府部门要通过现代网络、报纸、电视等多种媒体交互作用，多渠道地公布、公开教育信息。信息的公开也并不意味着个体间的利益矛盾能够得到表达。因此，在完善信息服务机制的基础上，还需要进一步加强不同利益主体之间的公共对话。首先，要保证不同利益主体对自身合法利益的畅通、平等的表达。这就需要构建多层次的利益表达平台，如听证会、公共决策方案征询意见等。其次，不同利益主体之间的教育利益存在差异，甚至存在矛盾与冲突。因此，只有不断加强不同利益主体之间的相互沟通与协调，才能进一步达成不同主体之间的利益整合。这就要求，政府在其中不能有所偏袒，既要保证不同利益主体之间的合法利益，同时又要力求保证弱势群体的利益得以真正实现。

其四，完善专家咨询机制，加强教育研究者与政策制定者之间的对话。专家学者是特殊的公众，是相关领域的专家，他们能够敏锐地把握与洞察教育问题，并在研究的基础上提供切实可行的政策建议。事实上，我国在政策决策过程中历来重视相关领域专家学者的意见。但是，虽然从国务院到地方各级政府部门都有自己的专家组或研究室，但是这些相关研究处室与专家的工作更多的不是"研究"，而是"命题作文"、替领导人起草讲话稿。另一方面，对于专家的咨询还缺乏相应的规范，在哪一个环节、哪一个阶段咨询，如何咨询，往往受部门领导主观意见影响较大，带有很大的随意性。因此，完善专家咨询机制，需要规范专家咨询的制度与环节选择，保证在教育政策制定的不同阶段与不同环节倾听不同领域专家的意见；同时，还需要进一步加强政府与民间教育专家智囊团的建设，鼓励开展教育研究者与政策制定者之间的对话，促使决策者成为"研究型的决策者"，教育研究者转变为"政策型的研究者"。

（二）加强评估反馈，优化评估修正机制

由于外部执行环境的复杂多变，即使考虑周全、设计完美的教育政策在付诸实施后也未必能产生预期的效果，何况在现实中，由于人们的认识能力和各方面因素的影响，很难设计出完美的教育政策方案。在我国的公共政策过程中，往往注重政策的制定而忽视对政策的评估与修正。如，虽然我国在2001年实施了"地方负责、以县为主"的农村基础教育新管理体制，但是由于部分县级政府财政贫困，再加上中央与省级政府财政转移支付杯水车薪，结果更加重了许多县级政府的财政负担。因此，在我国教育政策实践过程中，迫切地需要建立与之相应的评估修正机制。

教育政策的评估修正，是指定期对政策实施的结果进行评估，并根据政策实施的结果与现实教育问题的变化，及时调整政策方案以更好地解决教育问题。建立与强化政策评估修正机制，需要注意以下方面。

其一，规范教育政策评估的程序与规则。政府部门首先要将教育政策评估作为一项经常性的制度与工作安排纳入到有关政府部门或决策部门的工作日程中。教育行政部门要克服以往那种只重教育政策制定，忽视政策评估的积弊。各级教育行政部门要重视教育政策评估结果的分析和消化，及时吸收评估的结果，以更好地为新一轮决策服务。教育行政部门要通过建立起预测评估、执行评估和结果评估相结合的全方位教育政策评估体系，制定相应的政策评估程序，规范相关教育政策评估标准，如公平性、效益性、可行性等，以不断改进、修订和补充教育政策的内容，使整个教育政策过程形成良性循环。

其二，建立独立的教育政策评估组织。如果评估组织在财政、人事和资源配置上完全依赖政府机构，教育政策评估的信度和效度就难以保证。而目前，我国最缺乏的就是一支独立的教育政策评估组织。在我国，一般而言，相关政策评估组织都是政府部门的下属机构，政策评估往往会受到"人情评估""奉命评估""形式评估"等消极影响。因此，为了防止教育政策评估的"异化"，必须保持教育政策评估组织的相对独立性。我们可以借鉴国外的经验，建立专门的教育政策评估基金，同时设立教育政策评估资金的筹措委员会，利用民间或其他社会资金来促进教育政策评估的研究和开展；也可以通过委托民间专业教育评估组织或相关教育研究机构开展评估，来保证政策评价的公正性与科学性。

其三，及时调整目标定位，加强政策的全程性评估与修正。当前，随着教育利益主体的多元化和社会主体教育需求的多样化，不同时期教育政策的目标不断变化。因而，在政策评估的过程中，一方面要根据人民群众的教育利益需要，及时调整目标定位；另一方面还要基于政策全程积极开展预评估、过程评估与结果评估，积极追踪评估教育政策在不同阶段的结果，以及时修正，科学调整，合理地解决教育问题。

六、拓展案例

教育，是一个民族最根本的事业，也是一个国家跨越式发展经久不衰的力量源泉。改革开放以来，我国教育的跨越式的快速发展得益于国家每隔 10 年左右就会出台一份重要纲领性政策，指导教育事业发展。2010 年 7 月 8 日，中共中央、国务院印发《国家中长期教育改革和发展规划纲要（2010—2020年）》（以下简称教育规划纲要），从我国现代化建设的总体战略出发，规划描绘了到 2020 年我国教育改革发展的战略目标、工作方针、总体任务、改革思路和重大举措。教育规划纲要的制定出台经历了一个怎样的过程呢？

绘制人力资源强国的宏伟蓝图
——《国家中长期教育改革和发展规划纲要》诞生记[①]

总揽全局的重大决策

2008 年 3 月，全国两会刚刚闭幕，胡锦涛总书记、温家宝总理分别作出重要指示：要在深入调查的基础上研究制定中长期教育规划纲要，把研究制定中长期教育规划纲要作为新一届政府必须着力做好的一件大事。胡锦涛总书记对制定教育规划纲要、推进教育改革和发展的重大意义作出重要阐述，强调全党全国要积极行动起来，坚持育人为本，以改革创新为动力，以促进公平为重点，以提高质量为核心，推动教育事业在新的历史起点上科学发展，加快从教育大国向教育强国、从人力资源大国向人力资源强国迈进，为中华民族伟大复兴和人类文明进步作出更大贡献。

根据中央部署，2008 年 8 月 29 日，国家科教领导小组第一次会议后，国务院成立了以温家宝总理为组长、刘延东国务委员为副组长的教育规划纲要领导小组。同时，成立了由刘延东国务委员为组长，国家科教领导小组成员单位及相关单位等 14 个部门为成员的教育规划纲要工作小组，承担教育规划纲要研究制定的具体工作。教育规划纲要工作小组下设办公室，办公室设在教育部。

[①] 改编自翟博：《绘制人力资源强国的宏伟蓝图——〈国家中长期教育改革和发展规划纲要〉诞生记》，《中国教育报》，2010 年 7 月 31 日，第 1 版。

科学部署规划的制定过程

2008年8月，教育规划纲要的各项准备工作已经有序展开。工作小组组织成立了由500多位专家学者直接参加、近2000人参与的11个重大战略专题组。组织了100多位的专家咨询队伍，邀请包括全国人大、全国政协专门委员会、各民主党派、各级各类学校、科研机构、企事业单位以及海外高校负责人等各领域高层次专家组成咨询组，其中有大中小学和职业教育代表人士，还特别邀请了科技、经济、管理、文化、社会等方面专家学者；成立东中西九省（区、市）分区域规划小组和7个教育分领域规划小组；根据制定分地区专题规划的需要，选择东中西部的北京市、辽宁省、上海市、江苏省、河南省、湖南省、广东省、重庆市和新疆维吾尔自治区9个省（区、市）就制定本地区教育改革和发展规划纲要开展调研；还围绕制定学前教育、基础教育、职业教育、高等教育、继续教育及民办教育等分领域专题规划，组织开展系统深入调研。

在教育规划纲要制定过程中，刘延东先后多次主持召开教育规划纲要工作小组全体会议，以及调研、咨询、征求意见和文本修改会，研究调研、起草、征求意见工作；多次主持召开座谈会，就教育规划纲要的研究制定工作，分别听取全国政协教科文卫体委员会、全国人大教科文卫委员会部分委员代表的意见建议。她还带队深入考察了美、英、俄、瑞士、新加坡等国家教育发展情况。

这次教育规划纲要制定经过了调查研究、起草论证、公开征求意见、审议完善四个阶段，组织各地、有关部门、学校、社会团体等广泛参与，两次在网上面向全社会公开征求意见。

第一阶段——调研阶段：从2008年8月29日到2009年2月，历时半年，问需于民，第一次面向社会征询意见，进行专题调研、深度调研，主要任务是了解掌握情况，凝聚重点难点。

第二阶段——起草阶段：从2009年3月到2010年2月，历时一年，起草文本，修改论证，主要任务是做好顶层设计，深入学习领会中央重大部署，吸收社会各界意见建议，形成文本初稿。

第三阶段——公开征求意见阶段：从2010年2月28日到3月28日，历时一个月，文本面向社会公开征求意见，主要任务是深化认识，凝聚共识。

第四阶段——审议完善阶段：从4月15日到6月21日，报送党中央、国务院审议。

在教育规划纲要制定过程中，工作小组成员单位——教育部、发改委、财政部、科技部、工信部、人社部、农业部、国务院研究室，以及中科院、社科院、工程院、国务院发展研究中心、自然基金委、中国科协等14个部门，齐心协力，通力合作，对教育规划纲要制定给予了高度重视和大力支持。

科学民主决策的积极实践

党中央、国务院明确要求：教育是重大民生问题，全社会都很关心。教育规划纲要制定要开放，充分听取社会各界意见，特别是校长、教师、学生和家长的意见，要在争论中求得共识，得到认同。

2010年1月11日至2月6日，温家宝在中南海分别主持召开了高等教育、职业教育、基础教育、管理体制、群众代表5次座谈会，与来自社会各界的50多位代表座谈，听取社会各方面意见建议。在第五次座谈会上，温家宝专门邀请来自基层的学生家长、中学生、农民、工人、进城务工人员、自由职业者代表等进行探讨。

为了把握世界金融危机对我国教育的影响，准确地分析教育面临的形势，制定一个符合时代特征的规划纲要，教育规划纲要工作小组办公室于2008年11月21日召开了"世界金融危机与中国教育"座谈会，邀请国内外专家围绕金融危机对教育发展的影响展开深入研讨。

2009年3月9日，工作小组办公室召开专题座谈会，邀请世界银行教育专家座谈，就制定教育规划纲要充分借鉴和吸收国际经验，听取意见建议。

……

调查研究是正确决策的关键。调查研究是起草的坚实基础。为了聚焦重点难点，围绕相关主题，开展广泛的社会调研：组织11个重大战略专题组围绕11个重大专题36个子课题开展大规模专题调研，起草完成了11个研究报告；组织工作小组各成员单位、各省区市和80多所高校广泛调研；委托8个民主党派中央、4个社会研究机构、6个教育学会平行调研；委托世界银行研究院、欧盟总部等国际组织及我驻外60个教育处组进行国际调研；针对社会广泛关注的义务教育优质教育资源分布不均衡、城市择校、农民工子女教育、减轻中小学生课业负担、高中文理分科、增强职业教育吸引力、高校办学自主权、落实教育经费"三个增长"、多渠道筹措教育经费等20个热点难点问题进行深度调研。

2009年1月9日至2月20日，工作小组办公室围绕社会关心的若干重大问题组织深度调研工作，承担深度调研工作任务的11个重大战略专题组迅速行动，围绕各自需要深度调研的问题，分赴各地进行实地调研和典型研究，或通过其他方式广泛听取意见，起草完成了《二十个重大问题深度调研报告》，整个调研阶段共形成500多万字的调研报告，为教育规划纲要准确分析部署解决教育重大问题发挥了重要作用。广泛深入的调查研究，为起草工作奠定了坚实的实践基础。

既充分发挥专业人员深入研究的作用，又注重依靠群众广泛听取意见，是这次规划纲要制定的又一特点。

在起草文本过程中，起草组立足实际，积极动员各方面力量，实行开放式研究，制定过程向全社会公开，广泛征求意见；成立专门小组，邀请200多位知名专家学者、工作小组有关部委司局长、地方教育部门负责人、大中小学校长和教师等直接参与起草修改工作。

问需于民、问计于民、问政于民

2009年新年伊始，教育规划纲要在新年第一时间向全国人民征求建议意见，从2009年1月上旬到2月底，分两个阶段进行，第一阶段就一系列重大问题向全社会公开征求意见，海内外各界人士通过各种渠道发表意见建议210多万条，发来信件14000多封……这些数字与事实，记录着党和政府广纳群言、广集众智的民主科学决策过程，开启了中国教育从新的起点出发的改革之路。

在2009年第一次面向社会公开征求意见的第二阶段，工作小组办公室还就社会关注度高、影响教育改革发展全局的20个重大问题公开征求意见。这

20个重大问题涉及加强农村教育、深化教育教学以及管理体制改革、解决各级各类教育中突出问题、保证教育投入和健康发展等四个方面。工作小组办公室希望社会各界围绕这些问题进一步出主意、想办法，提出实招、硬招、新招，献计献策。

2009年11月16日，教育规划纲要文本初稿形成后，进入广泛征求意见建议、认真修改完善文本阶段。工作小组办公室通过多种方式征求、听取各方面对文本的意见建议，集中力量修改完善文本，积极做好文本报送的准备工作。

一是书面征求意见。向全国人大、全国政协、各民主党派中央、中央有关部委、各省（区、市）党委政府、承担分规划制定任务的九省（区、市）教育厅（教委）、教育部直属的6所师范大学、12位教育系统知名人士、教育部党组成员和各司局共94家单位或个人发函征求意见。

二是召开系列座谈会。先后召开11个重大战略专题组组长、企业界代表、九省（区、市）教育厅（教委）厅长（主任）及主管基础教育的副厅长（副主任）、教育部主要业务司局负责人、高考改革专题等6个座谈会，听取意见建议。

三是登门拜访、沟通。起草组组织人员先后拜访征询了教育部老领导、大中学校校长、有关专家对文本的意见建议，还电话征求了相关专家的意见。

2010年1月，中央决定第二次面向社会公开征求意见。为了充分征求两会代表委员对教育规划纲要文本的意见建议，两会前夕，工作小组办公室专程致函代表委员，并将教育规划纲要文本（征求意见稿）送到出席全国两会的426位教育界人大代表和政协委员案头，倾听意见建议，请代表委员建言献策。

社会各界对教育规划纲要文本公开征求意见反响热烈。各界人士踊跃参与，上至94岁的耄耋老人，下到八九岁的小学生。在第二轮面向全社会公开征求意见的一个月中，工作小组办公室共收到意见建议2.79万条，从媒体、网络累计收集的报道评论与意见建议约249万条。征求意见期间，中央主要媒体刊发相关报道、评论、文章1200多篇。这些意见建议，有力推动了公开征求意见工作，对于进一步修改完善文本、推进教育改革发展具有重要意义。边制订边调研边向社会征求意见，这在中央文件制定史上也是第一次。

据工作小组办公室统计，教育规划纲要自启动到正式颁布，工作小组及其办公室先后在境内外召开不同层面、不同类型的座谈会和研讨会1800余次，直接参与调研、座谈、讨论的海内外专家和各方人士有35000余人次。在文本面向社会征求意见期间，全国人大、全国政协、各民主党派中央、中央有关部委、各省（区、市）教育厅（委）、部分大中小学和幼儿园、企事业单位等660多个单位，1800余名专家、校长、教师、学生、家长、教育部门负责人、企业界人士以及海外人士共提出意见建议6100多条。起草组先后召开各类会议近300次，在认真研究、充分吸纳各方面意见建议的基础上，对文本稿反复讨论、认真推敲、精心修改，前后正式进行了40多轮大的修改。从面向社会公开征求意见，到审议定稿，教育规划纲要文本充分吸收社会各界意见，前后修改约400多处，修改后的文本更加体现了尊重教育规律，推进科学发展的总体要求。

这次教育规划纲要的研究制定，动员人力之多、覆盖范围之广、社会参与度之高，是我国历次制定规划所没有的。

问题：

1. 在制定国家教育规划纲要的过程中，有哪些方面体现了教育决策的科学化与民主化？

2. 从国家制定教育规划纲要的具体举措中，是否可以归纳出教育公共政策制定出台的一般性程序与环节，以及在各个程序与环节中需要注意哪些方面的问题？

第七章　教育政策主体的权力腐败

　　从本质上而言，教育政策是一项特殊的政治活动。教育政策活动的开展与公共权力的行使密不可分，教育政策活动就是政策主体运用其掌握的政治权力去调节不同主体之间的利益矛盾与冲突。现代社会的政治权力是一种公共权力，是人民通过委托的形式交给一定的政治组织，即政府机构来组织实施的。因而，政治权力的宗旨应是为社会民众的公共利益服务。在美国经济学家贝克尔（Gary Becker）看来，政治人与企业人或商人没有什么本质的区别，企业人最典型的目标是收入或"利润"最大化，而政治人最典型的欲望是攫取权力即影响他人行为的能力，他们都追求自我利益的最大化。① 在现实生活中，公共政策主体在开展政策活动时，有时并不全然为人民服务，有时还会将个人的利益混入其中以权谋私中饱私囊，这就是教育政策主体的权力腐败问题。在教育政策活动中，当政策主体行使公共权力追求公共教育利益时，如何预防权力腐败，规避政策主体滥用公权攫取私利，是教育政策伦理的基本问题之一。

---

　　① ［美］加里·S. 贝克尔著，王业宇等译：《人类行为的经济分析》，上海：上海人民出版社，1995年版，第9页。

一、案例描述：一个移动硬盘揭开的招生问题[①]

2021年8月23日，湖南省怀化市鹤城城区公立小学一年级招生剩余学位随机派位工作结束。鹤城区纪委监委全程监督，保障招生公平公正。在鹤城区，今年幼升小招生工作明显好转，往年群众反映强烈的"打招呼""递条子"等违规安排入学问题得到遏制。

风气的净化得益于乱象的整治。不久前，鹤城区纪委监委深挖彻查教育系统招生腐败问题，立案审查调查多人。其中，区教育局原党委书记、局长张致才被开除党籍和公职，涉嫌犯罪问题移送司法机关依法处理。

记者注意到，招生腐败案例在其他地区也有发生。事关群众利益的招生环节，何以滋生腐败？不良风气是如何侵入教育系统的？对此，记者进行了调查。

200余人的学生名单牵出区教育局局长贪腐案

2020年9月至11月，湖南省委第七巡视组巡视怀化市鹤城区期间，群众反映有人非法买卖城区学位，损害教育公平。巡视组对这一问题紧盯不放，深入了解核实，查找相关问题线索。

"当时，针对辖区内学校购买的制作营养午餐的米油价格明显高于市场价的问题线索，我们已对主管营养午餐工作的区教育局体育卫生保健所副所长刘茂华进行留置，据他交代他曾参与办理违规安排学生入学。"此案办案人员回忆，接到巡视组移交的问题线索后，区纪委监委速查速办，立即组织人员展开初步核实。

顺着刘茂华提供的线索，专案组发现了一个移动硬盘，里面一份200余人的学生名单引起关注。

"核实这些学生的情况可以得知，尽管他们并不符合入学条件，但是却就

[①] 改编自吕佳蓉：《一个移动硬盘揭开的招生问题》，https：//www.ccdi.gov.cn/toutiaon/202108/t20210824_146873.html。

读于相关学校,这是证明存在违规安排入学的有力证据。"办案人员告诉记者。

循着这一突破口,专案组随即查到违规安排这些学生办理入学的不仅有刘茂华等普通工作人员,还有时任区教育局党委书记、局长张致才。

随后,区纪委监委对张致才采取了留置措施。鹤城区买卖学位、违规安排入学的问题被逐步揭开。

据悉,因鹤城区优质教育资源短缺,一些重点学校的学位成为争相抢夺的"香饽饽",掌握学位资源分配的教育局领导干部、学校校长等成为当地"炙手可热"的人物。他们中有些人利用工作或职务便利违规安排入学,为择校生违规入学打招呼、找关系,从中牟取私利,收受钱财。同时,也有相关学校不按政策规定超计划、超范围招生,私自扩充班级,导致严重超员,挤占教育资源。

个别党员干部以权谋私,通过违规安排学生入学敛财获利

近两年来,怀化市鹤城区纪委监委多次收到反映鹤城区教育系统及张致才有关违纪违法问题的举报。鹤城区纪委监委曾向其函询有关问题,但张致才并未如实说明。此次专案组深挖彻查,在证据面前,张致才再也无法抵赖。

经查,张致才无视招生政策和纪律,"打招呼批条子",把公共教育资源作为利益交换的筹码。2017年至2020年,他本人违规安排学生入学200余名,以此换来别人的请吃、烟酒和红包等。

2020年8月,帮助怀化某建筑工程有限公司一股东安排非鹤城区户籍、鹤城区无住房或住房不属于招生范围的学生入学;同年9月,帮助湖南省某广告传媒装饰有限公司法人代表安排两名学生入学……梳理张致才的违纪违法行为可以发现,他接受的大多是朋友、熟人的请托,其中不乏公司老板,事情办成后他们再以拜年、节礼等名义送上"感谢费"。

"作为区教育局的主管领导,张致才在校服采买、食堂管理等工作中与企业老板打交道较多,熟识后,有的老板就会提出违规安排学生入学的请托。"办案人员介绍,张致才对这类请托来者不拒,在他看来这是经营自己社会关系的大好机会。

"利用安排学位结识有权有钱的人，扩大自己的朋友圈和关系网，为我今后的职务升迁和良好生活创造有利条件。"张致才坦白。

张致才带头违纪违法，让人情、利益可以同公权力进行交换的观念在当地教育系统有了市场。教育系统内个别干部也视新生招录为"摇钱树"，通过修改招生系统数据等方式违规安排学位收受钱财。

刘茂华为他人违规安排学位，就是冲着钱去的，每名学生1至1.5万元，这也吸引了一些打着"能让孩子进公立小学"的民办教育机构前来交易。

2018年7月，怀化市某幼儿园负责人找到刘茂华，希望刘茂华帮忙解决其幼儿园中不符合就读鹤城区公立小学条件的6名学生违规就学问题。刘茂华找到区教育局基础教育股副股长潘华勇，利用其负责鹤城区义务教育入学管理的职务便利，将其中3名学生安排进鹤城区某公立小学就读。此外，刘茂华还找到时任怀化市某小学校长的刘某和副校长张某某，利用其负责该小学入学管理的职务便利，将另外3名学生安排进该小学就读。事情办成后，刘茂华收受幼儿园负责人给予的好处费6万元。

2019年7月，该幼儿园负责人再次找到刘茂华，希望刘茂华帮忙解决其幼儿园中不符合就读鹤城区公立小学条件的10名学生违规就学问题。刘茂华又如法炮制，将这10名学生安排进鹤城区公立小学就读。2019年9月，刘茂华收受幼儿园负责人贿赂12万元。

在刘茂华看来，既然"朋友"找到自己，自己又有能力办成，事后收点钱也是应该的。

"张致才带了一个很坏的头，出卖手中的权力换取人情利益，既损害了教育公平公正，又严重污染了鹤城区教育系统政治生态，让教育这项'民生工程'凉了群众的心。"办案人员说。

"涉及学校、人员多，多种身份参与其中，是招生腐败类案件的特点之一。"海南省海口市纪委监委驻市教育局纪检监察组组长沈名勇告诉记者，去年以来，海口市、区纪检监察机关查办了一批违规办理入学指标的案件，涉案人员中既有教育部门的主要领导、职工，又有学校的校长、副校长、教师，还有社会"黄牛"，整个运作呈现"流水线"式作业，每个节点都有相应的角色发挥作用，易形成系统腐败窝案。

问题：

1. 学校是当代社会的最后一片净土，但腐败现象也日益侵入其中。案例中呈现了哪些教育权力的腐败问题？根据你的观察，还有哪些教育领域容易出现教育权力腐败？

2. 教育领域中的权力腐败除影响教育公平公正，还会产生哪些方面的消极影响？

3. 案例中的招生腐败，严重损害教育系统政治生态，影响教育公平公正，迫切需要预防与规避。我们可以采取哪些措施有效压缩教育权力寻租空间，预防与规避教育政策主体的权力腐败呢？

二、问题聚焦：公共教育权力滥用的危害

作为政策主体的教育行政官员，掌握着民众赋予的公共教育权力。公共教育权力是为了适应公共教育管理活动需要应运而生的，其理应为社会公众的共同利益服务。但是在现实生活中，公共教育权力却经常被滥用，严重地损害了民众的公共教育利益。

（一）导致政府信任危机，阻碍社会发展

作为公共权力的重要组成部分，公共教育权力也是公众赋予的，也应该且必须为公众利益服务。唯有如此，在社会公共教育管理过程中，人们才能认可、信任与支持政府教育部门的行为与举措。但是，由于公共教育权力主体滥用权力，以权谋私，贪污腐化，必然会严重损害其自身的形象与声誉，使民众对公共教育权力主体产生怀疑、厌恶、鄙视情绪，进而对政府教育行政部门产生信任危机。一旦民众对政府产生信任危机，政府部门所作出的任何教育政策与举措必然得不到民众的认可、信任与支持，广大人民群众就极有可能从各个方面限制与阻挠公共教育政策的实施，因而其实施的效果也就可想而知了。

人类社会的发展历史曾多次证明，一个教育不发达的社会，一个教育状态不良的社会，无疑是一个政治、经济、文化、科技都落后的社会，其前景是令人担忧的。这是因为，社会文化与科学知识的传承和创造，社会各方面建设和发展需要的人才培养，国民思想道德与文化素质的整体提高等等，都必须通过教育来实现。公共教育权力的腐败必然影响着教育活动的本质、意义与价值，蛀蚀着教育活动的健康机体，降低教育活动所培养的人才质量，这也就注定无法使教育的社会功能充分发挥，进而影响着社会各方面事业的健康与和谐发展。

（二）浪费公共教育资源，危害教育公平与公正

在公共教育权力滥用的过程中，一方面大量的教育资源被用于挥霍享用、贿赂，造成有限教育资源的浪费。典型的如，吴川市地处粤西地区，财政十分困难，但该市教育主管部门在 2002 至 2003 年 6 月的一年半时间里，"吃""分"教育经费 600 多万元，其中市教育局吃喝 209 万元，人均近 3 万元，是同期在职教师人均工资的近 1.5 倍；17 个镇教办吃喝和发放补贴 402 万元，人均 2.9 万元。另一方面，由于掌握着公共教育权力就有收受贿赂的机会，因此，一部分人就会靠行贿等不正当手段来"买"官、"跑"官。而一旦这些人掌握了实权，他们往往便会变本加厉，大肆敛财，以弥补自己的"投入损失"。就此而言，权力腐败的程度越深，资源的浪费也就越严重。

公共教育权力的滥用还直接影响着教育的公平与公正。在教育资源有限的情况下，政府部门就会通过设置一定的标准与规则来分配教育资源，从而保证每一位社会成员都能够公平地享有教育资源。由于教育资源，尤其是优质教育资源大都掌握在公共教育权力主体手中，因此，在教育资源分配过程中，有权者、有钱者通过拉关系、走后门、贿赂等不正当手段来获取教育机会，不正当地享受优质教育资源。而他们所不正当占有与享受的教育机会与资源无疑是牺牲广大学生的利益换来的。无权无钱者只能拥有次等的教育机会与资源，甚至无法享有教育机会。一些有权有势的人和单位，利用手中的权力向学校施加压力，迫使学校每年不得不拿出相当多的名额去应付各种后门关系。公民受教育的资格与机会以权力、金钱、背景、关系等因素为衡量

标准，而不是以公民自身的能力为标准，这显然是极不公平的。公共教育权力的腐败使得本应该为全体社会成员平等享有的公共教育资源却为个别有权者、有钱者所独享，这就必然会加剧教育领域中无论是在起点上，还是在过程中存在各种各样的不公平，从而就会大大加剧教育不公平与不公正的程度。

（三）破坏社会风气，腐蚀青少年心灵

教育和学校作为社会的文化系统之一，具有传承文明、教化人伦和养成道德的基本功能，是社会道德的源泉，是社会良心与风气的"标尺"与"净土"。因此，在教育领域中，由公共教育权力腐败而衍生和膨胀的功利主义、官僚主义、实用主义、形式主义之风，一方面不仅腐化与败坏了学校与教育领域自身的精神风貌与道德基础，另一方面更为严重的是，也腐化与败坏了整个社会的精神风貌与道德基础。

教育具有促进个体发展的功能。但是，在作为社会风气源头的教育领域内，公共教育权力腐败所表现出的卑劣、贪婪、丑恶的欲念和行为，与教育的本质、精神、品格是对立的，其将使现实的教育活动完全脱离教育的本质和宗旨，进而影响到青年学生的健康心灵。在当前社会媒体报道中经常可以看到，一些学生认为向教师送礼以获得教师对自己的更加关注是正常的，更有甚者，在小学阶段居然还出现了小学生向班长送礼的情况，他们认为不送礼给老师，老师就不高兴，不给班长送礼，班长也不会高兴。由此可见，公共教育权力腐败对于青少年纯洁心灵的腐蚀。相比较其他腐败而言，这种腐败更是一种伤及社会风气与精神思想基础的本质性腐败，它不仅破坏社会的公平原则和道德风气，而且破坏人们对于教育所抱有的种种美好希望；其产生的种种恶劣影响更严重地影响着青少年的心灵，严重影响着他们以后的健康成长和人生道路的正确选择。

三、理论阐述：公共教育权力腐败的伦理分析

（一）公共权力的内涵与特征

公共权力属于权力的范畴。在东西方文化中，"权力"是一个古老的概

念。在中国古代典籍中,"权"主要有两个基本含义:其一是衡量审度之义,如"谨权量,审法度,修废官,四方之政行焉"①,又如"权,然后知轻重"②。其二是由权衡引申而来的制约他人的能力,如"凡听五刑之讼,必原父子之亲,立君臣之义,以权之"③。

在西方,英语中的"权力"一词即 power,来自法语的 pouvoir,法语的该词源于拉丁语的 potestas 或者 potentia,意指能力;它们又都是由拉丁语的动词 potere 引申而来。potere 意指能够做某事或具有做某事的能力。从词源上来看,西方的"权力"一词的基本含义是指"能力"。

近代以来,随着人们对"权力"的关注,许多学者对它的界定和使用方式也是林林总总,各不相同。如:英国思想家霍布斯(Thomas Hobbes)认为,权力就是"获得未来任何明显利益的当前手段"④;美国学者彼德·布劳(Peter Michael Blau)认为,"权力是指一个人(或一群人)按照他所愿意的方式去改变其他人或群体的行为以防止他自己的行为按照一种他不愿意的方式被改变的能力"⑤;美国政治学者达尔(Dahl)认为,"影响力或权力是 A 影响 B 在某些方面改变自己的行为或倾向的能力"⑥;国外政治学权威辞书《布莱克维尔政治学百科全书》认为,权力"基本上是指一个行为者或机构影响其他行为者或机构的态度和行为的能力"⑦。《中国大百科全书·政治卷》则认为,权力是:"人际关系中的特定的影响力,是根据自己的目的去影响他人行为的能力。在社会生活中,凡是依靠一定的力量使他人行为符合自己目的

---

① 《论语·尧曰》。
② 《孟子·梁惠王上》。
③ 《礼记·王制》。
④ [美]丹尼斯·朗著,陆震纶等译:《权力论》,北京:中国社会科学出版社,2001年版,第2页。
⑤ [美]彼德·布劳著,孙非、张黎勤译:《社会生活中的交换与权力》,北京:华夏出版社,1988年版,第135页。
⑥ [美]达尔著,王沪宁、陈峰译:《现代政治分析》,上海:上海译文出版社,1987年版,第36—37页。
⑦ 《布莱克维尔政治学百科全书》,北京:中国政法大学出版社,1992年版,第595页。

的现象，都是权力现象。"①

在上述界定中，学者们对权力的理解有三种：将权力作为手段；通过权力获得的一定结果；有资格或能力去影响他人等。学者们的共识之处在于都将权力看成是一定权力主体对权力作用的客体或对象的强制性控制或影响，并借此造成相应的影响，这种局面或结果是符合权力主体的目的或意志的。可以说，权力是指一种力量，是一种权力主体拥有的，并按照其意愿去影响他人的能力。

公共权力是权力的一种类型，是相对于私人权力而言的。私人权力为社会个体所有，是个人为了追求自身利益而影响改变他人的力量；而公共权力则为全体民众所有，是为了追求公共利益的实现。

1. 公共权力的内涵

公共权力是人类进入到国家这种特定的历史发展状态后，对社会影响最广、最深远的权力。它随着国家的产生而产生，随着国家的发展而发展。这就使得公共权力在阶级社会中打上了阶级的烙印。表面上看，它是统治阶级手中的统治"利器"，为统治阶级的利益服务；但就本质而言，公共权力是中性的，它是国家而非阶级的附属物，其根本职能在于维护国家的秩序、社会的秩序，维护国家机器的正常运转。公共权力本身无"善""恶"之别。它可以是"善"的保护神，也可能是"恶"的凶器。为善或作恶的关键在于谁来行使公共权力，公共权力为谁来服务。

一般来说，公共权力是指由全体社会成员所赋予和认同，以全体社会成员的共同利益为基础，管理社会中的公共事务，维护社会秩序而形成的一种支配、影响和调控该共同体的特定权威力量。

2. 公共权力的基本特征

公共权力是国家意志和全体社会成员共同意志的体现，是社会和组织正常运转、资源配置、社会关系协调发展的决定力量，也是政府组织管理社会公共事务的基础。与一般权力相比，有四方面特点。

---

① 《中国大百科全书·政治卷》，北京：中国大百科全书出版社，1992年版，第498页。

其一，公共性。就公共权力的来源来看，公共权力不是天然的，更不是神授的，它来源于公众的同意和授权。从本质上说，公共权力凝聚的是全体社会成员的共同意志，体现的是全体社会成员的共同力量。具体言之，公共权力的公共性体现在三个方面：（1）公共权力的主体应属于全体社会成员，而非某个人或小集团；（2）公共权力的对象是全体社会成员，所解决与处理的是社会公共事务，而不是私人或某个集团的事务；（3）公共权力应该以全体社会成员的公共利益为旨归，应该服从于、服务于全体社会成员的公共利益。

其二，强制性。公共权力是经由全体社会成员认同与授予的，是国家中合法的支配力量，它以国家中的军队、警察、监狱等暴力机关作为后盾。任何触犯或违反民众意志的个体或群体行为都将会受到公共权力的暴力、压力、命令等多种方式的强制管理与控制。作为公共权力主体的政府部门及其公务员队伍，依法享有对社会公共事务的管理和支配的权力。强制性是公共权力不可缺少的要素和特征，是对社会实施控制、管理、协调的必要条件。公共权力的强制性表现在两个方面：一方面是指强制性的外在力量使被管理对象屈从；另一方面则指由强制性力量所产生的导向、规范等作用使人们服从。公共权力在社会权力系统中具有至高无上性，任何其他权力都不得同其相抵触或违背。

其三，服务性。公共权力源于社会，是为了更好地协调社会成员之间的利益关系，满足社会公众的共同需要。虽然公共权力具有强制性，但是并不意味着公共权力主体可以随心所欲地支配权力客体，否则就违背公共权力为民所用、为民服务的原则，也就违背了政府公共权力公共性的根本属性。公共权力的服务途径与方式是多种多样的，如在教育领域中提供教育资源与机会、在社会生活领域中提供社会福利与基本保障、在经济领域中提供经济交易制度与法律等。相应地，在不同的领域中，公共权力也就演变为不同性质的公共权力，如公共教育权力、公共社会权力、公共经济权力等。

其四，扩张性。权力在本质是一种特定的力量制约关系，权力拥有者为了实现特定利益目标通过权力去支配他人、要求他人服从。在这一过程中，如果没有对权力的相应限制或划界，权力就会无限地扩张与延伸。正如法国思想家孟德斯鸠（Baron de Montesquieu）所言：一切拥有权力的人都容易滥用权力，这是万古不易的一条经验。① 公共权力的扩张性表现在两个方面：一是，公共权力极容易摆脱"约束""限制"，侵犯其他权力以扩张自己的权力，导致公共权力滥用；二是，公共权力又极容易被聚敛，出现"一支笔""一把手"等现象，导致权力的过分集中，这也是权力扩张出现的后果。就政府所掌握的国家公共权力而言，由于其边界不易被准确界定，这也为其扩张提供了便利的条件，尤其是在法治不完备，法律机制运转不顺畅的国家中更为突出。

（二）公共教育权力腐败

权力腐败是诸多社会腐败现象与问题的根源。任何一项政策方案的制定和实施都与公共权力的行使密不可分，对于教育政策而言也不例外。正如英国的阿克顿勋爵（Lord Acton）所言："权力导致腐败，绝对的权力导致绝对的腐败。"在制定与实施教育政策方案的过程中，政策主体在行使公共教育权力的过程中也存在着权力滥用的可能。而在现实生活中，公共教育权力腐败的事件层出不穷，不胜枚举。

"腐败"（corruption）一词，原指事物的腐烂或者变质。这一含义后来逐渐演变为泛指人类的道德行为和社会风气的败坏和堕落。当这个词被用到政治生活和经济生活中以后，国内外学者便提出政治腐败、经济腐败等概念，常常用来泛指政治与经济生活中的种种不健康、异质或变质的状态。一般来说，在政治生活中，可以从狭义和广义两个方面来定义腐败。"从狭义上说，腐败行为指运用公共权力来实现私人目标"；"从广义上说，腐败行为反映着政府治理一般意义的败坏，这里不一定有人直接得到利益或好处，但整个社会的利益受到损害"。② 在此，我们主要从狭义上来理解腐败的涵义。因此，公共权力腐败就是指公职人员出于私人利益而滥用公共权力和公共资源的行

---

① ［法］孟德斯鸠著，张雁深译：《论法的精神》，北京：商务印书馆，1961年版，第154页。
② 王沪宁著：《反腐败——中国的实验》，海口：三环出版社，1990年版，第12页。

为。在教育政策制定与实施过程中，掌握与行使公共教育权力的政策主体滥用公职权力谋取私利的行为，即是公共教育权力腐败。在教育政策活动中，公共教育权力腐败具体表现为以下特征。

其一，公共教育权力腐败的主体是公职人员。公职人员不仅包括制定教育政策的公职人员，也包括广大执行教育政策的公职人员；不仅包括在国家教育行政部门中任专职的公职人员，还包括在党、国家和其他社会公共机构中承担管理教育职务的公职人员以及在这些机构中担任技术职务的公职人员。

其二，公共教育权力腐败的目的是谋取私人利益。谋取私利不仅指公职人员追求金钱利益，而且泛指公职人员追求满足其自身物质和精神方面的需要和欲望的一切利益。

其三，公共教育权力腐败的手段是滥用公职权力。滥用公职权力是指公职人员违反党、国家和其他社会公共机构授权的范围、限度和程序等有关规定而行使公职权力，致使公共财产、国家和人民利益遭受重大损失的行为。滥用权力的方式大致包括：行使权力越位、行使权力缺位、行使权力不到位、权力行使手段不当、权力行使目的不当等。

（三）公共教育权力腐败的伦理分析

从伦理的角度来看，公共教育权力滥用主要源于公共利益与私人利益之间的矛盾，这既表现为公共教育权力性质方面的"公共性"与"有限性"的矛盾，也表现为公共教育权力运作方面的"公众委托"与"私人使用"的矛盾。

权力的性质主要取决于两个因素：其一，权力来源于谁，其二，权力是为谁服务。就此而言，公共教育权力属于公共权力，其性质主要表现为公共性。一方面，公共权力来源于公众，是由公众赋予的；另一方面，公共权力是为公众服务的，是以公共利益为旨归的。

启蒙思想家卢梭（Rousseau）通过社会契约论论证了权力来源于民众。他认为，在自然状态下，由于社会个体之间的彼此争斗，人们生来享有的自然权利便得不到可靠保障。为了保障个体自身的生存和幸福，人们就从理性出发订立契约，自愿认渡出自身的一部分权利，并通过建立国家与政府的方式来行使这种权力。由此，人们的自然权利便转变为公民权利，当人民集合起来时，他们的共同意志在这个国家中便具有至高无上的地位，体现这种共同意志的便是国家的公共权力。对此中外政治家或学者也有论述。毛泽东曾指出："我们的权力是谁给的？人民给的。如果不是人民给的，还有谁给呢？""人民要解放，就要把权力委托给能够代表他们的、能够忠实为他们办事的人……"① 美国的汉密尔顿（Hamilton）、麦迪逊（Madison）等联邦党人也认为："国家权力的河流应该来自一切合法权力的洁净的原始的泉源"，而"首要的权力不管来自何处，只能归于人民"，"人民是权力的唯一泉源"。②

公共权力的公共性虽然体现的是社会公众的共同意志，其在国家权力系统中居于至高无上的地位，但是这并不意味着公共权力可以任意理由侵害个体的合法权利。这是因为公共权力虽然获得了全体民众的授权，但是民众并没有将自身的所有权利都让渡出来。这就意味着公共权力虽然具有至高无上性，但却是有限的。

公共权力的有限性意味着其只能在限定的范围内发挥作用，这一范围即是社会民众授权让渡出来的那一部分；否则超越了委托者的授权范围，权力便是不合法的，也就意味着是无效的。因此，当一部分社会成员通过合法程序进入到政府组织后，其就不仅享有普通公民所享有的各种权利，而且还享有人民所赋予的公共权力。但是其行使的这种公共权力是有限的，这种限制即是在社会公共生活范围内，为了社会公众的共同利益，舍此便是越界，是不合法的。因此，在教育领域内，这就意味着公共教育的权力主体只能在人民赋予的范围内行使权力，只能以公共教育利益为旨归，否则便是不道德的，也是不合法的。因此，从公共权力的性质来看，公共教育权力的滥用，其实质就是权力主体超越公共利益的界限行使所掌握的公共权力，以满足自己的个人私利，从而表现出一种公共权力自身的"公共性"与"有限性"之间的矛盾。

---

① 《毛泽东选集》（第4卷），北京：人民出版社，1991年版，第1128页。
② ［美］汉密尔顿等著，程逢如等译：《联邦党人文集》，北京：商务印书馆，1980年版，第113—114页。

从性质上来看，公共权力是属于社会公众的或者是"公有"的。但是，在现实政治生活中，公共权力却不能由全体社会公众直接掌握并实现。这是因为，其一，从公共意志的表达或阐述来看，由于每个社会成员的目的与利益、需求与偏好等既无法比较，也无法加总，因此，这就意味着无法以集体或共同的方式来表达或阐述社会公众的共同利益与意志，否则只能是众声喧嚣。美国政治学者乔治·萨拜因（George Holland Sabine）指出，虽然人民拥有一切权力，拥有一切道义上的正义与智慧，作为一个集体却既不能表达自己的意志，也无法将其付诸执行，① 因此，只能以代表的方式来表达或阐述社会公众的利益需求，并以少数服从多数的方式予以认定与合法化。其二，从公共权力的行使来看，公共权力也不能通过任意一个人来直接行使。这是因为，在高度分化与复杂的社会政治生活中，进行政治活动不仅受到时间与空间的限制，而且还需要一定的专业知识与专业技能。因此，为了更好地行使公共权力，在上述情况下只能通过一定程序选择一部分社会成员来行使。这也就是说，在现实政治生活中，虽然公共权力属于公众，是公有的，但是在公共权力的行使过程中其却被特定的群体或政府公务人员"私人"掌握与使用。

在公共权力行使与运作的过程中，公共权力的主体是由社会中的一部分人承担的，这些组成成员不仅有着各自的特殊利益需求，而且还有着其所构成的组织及该组织所代表的阶级或阶层的特殊利益。换言之，在公共权力运作的过程中，存在着三种基本不同的利益内容，即公共权力所代表的公共利益，公共权力主体组成的政府部门利益以及公共权力主体自己的私人利益。

在教育领域中，公共教育权力滥用就可能表现为两个方面：其一，公共教育权力代表的公共利益与受公众委托、代表公众行使权力的政府部门的组织利益（以及其所代表的社会阶级或阶层利益）之间的矛盾；其二，公共教育权力代表的公共利益与公共权力主体自身的私人利益之间的矛盾。

---

① ［美］萨拜因著，刘山等译：《政治学说史》，北京：商务印书馆，1986年版，第664—665页。

政府虽然是公共利益的代表者和维护者,维护、增进公共利益是政府的职责,但是"社会公共利益与政府利益存在的共同点并不能抹煞两者之间的差异性"①。政府机构作为一个特定的社会部门而存在,其组织共同体利益来自两个方面:一方面,政府各部门在行使公共权力制定与执行政策时,会不断谋求本部门的利益最大化。正如韦伯所言:"虽然在理论上科层组织只是非人格的部门,但实际上它却形成了政府中的独立群体,拥有本身的利益、价值和权力基础。"② 换言之,如同在其他领域中一样,在教育领域中,教育行政部门在制定与执行教育政策的过程中,也会有意或无意倾向于制定与执行对自己部门有利的政策。另一方面,政府机构自身具有不断扩张和膨胀的特性。现实一再表明,如果不存在有效的制约机制或约束机制,政府机构与部门就会不断地膨胀,为了维持不断膨胀的政府部门的运转,就需要不断扩大政府财政的预算开支,并由此导致大量占有有限的公共财政资源。

在公共权力的运作过程中,作为具体政策制定和执行的操作者,政府官员在为公众谋取公共利益的同时也有着自身的私人利益追求。正如亚里士多德所言:"人们要是其权力足以攫取私利,往往就不惜违反正义。弱者常常渴求平等和正义,强者对于这些便无所顾虑。"③ 按照公共选择理论的观点,政府中的政治人与经济人并无两样,都天生地具有追求自身利益最大化的倾向,具体表现为对职位的升迁、收入的增长、舒适生活的追求等各个方面。因此,在外部监督与约束机制不健全的情况下,公共权力主体常常会滥用职权,过多考虑自身的个人利益而损害社会公共利益。有时这种损害是赤裸裸的,如贪污受贿,侵吞公款;有时则是间接隐蔽的,如,当前部分政府官员过分注重自身官职的升迁,为了尽快出政绩片面发展经济却污染破坏地方环境,从而与长远的社会公共利益相背离。

---

① 毛寿龙著:《中国政府功能的经济分析》,北京:中国广播电视出版社,1996年版,第131页。
② [美]保罗·A. 萨缪尔森、威廉·D. 诺德蒙斯著,高鸿业等译:《经济学》(第12版),北京:中国发展出版社,1992年版,第318页。
③ [古希腊]亚里士多德著,吴寿彭译:《政治学》,北京:商务印书馆,1965年版,第317页。

总之，公共权力由于内蕴着公共利益与部门利益、公共利益与私人利益之间的矛盾，便有可能出现公共权力滥用的可能与状况。因此，一方面人们对公共权力充满了期待，期待着公共权力体现其公共性，积极地履行职责，服务于公共利益；另一方面，又极其担心公共权力的滥用，侵犯公民个体权利、危害社会。因此，如同其他社会公共生活一样，在教育领域中，如何保证公共教育权力的公共性，克制公共教育权力的滥用，促使公共教育权力为社会公众的公共利益服务也成为公共教育领域中一道亘久的难题。

四、案例分析

教育领域中的腐败虽然不能用经济指标衡量，但是其危害却远超其他领域。这是因为教育是未成年人成长的必由之地，是培育心灵之域。教育领域的贪污腐败对青少年学生的世界观、人生观和价值观造成的消极负面影响不可估量。一定意义上要说，教育领域的腐败是影响最为严重的腐败，对于一个国家与民族的青少年发展来说，是最为致命的。

案例中的教育局局长违规为请托人安排学生入学，谋得了私利，这就是公共教育权力以权谋私的腐败问题。伴随着经济社会的快速发展，社会民众对教育的需求也不断升级，亟待从有学上转变为上好学。尽管国家与地方加大教育投入，多措并举，努力提升中小学办学质量与育人品质，但是比较而言，优质教育资源尤其是优质学额在任何时候都是有限的、稀缺的，都是家长与社会着力追逐的。在此背景下，一些教育行政部门负责人就会利用手中的公共教育权力为请托人大开方便之门，也就形成了优质教育机会与学额的暗箱操作，教育行政部门负责人出卖手中的权力，换取人情或利益，损害了教育公平公正，严重扰乱了教育的民生与民心工程。曾几何时，每到中小学招生季，也是优质名校校长最头痛的日子。因为在招生这段时间，重点学校校长会收到来自方方面面的"条子"。对校长来说，哪个"条子"敢不收，哪路关系也惹不起。这些条子的背后就是公共权力的异化与滥用，也使得学校招生工作的规章制度变成了一纸空文。如 2008 年 8 月，陕西省宝鸡市某中学违规组织300多名学生进行了一场升学考试。"违规"的背后，是校长的万般无奈。据媒体报道，300多名考生都有关系，在校长手里，光领导的"条子"就收到了三袋子。给谁面子，不给谁面子？挠破头皮也难决断。于是乎，在"人人有条子"的基础之上，上演了让考试重新做主的一幕。①

"条子生"何时了？②

"条子生"成为一"怪"

在2003年召开的全市教育系统治理中小学乱收费工作电话会议上，上海市教委主任张伟江重申：严格招生纪律，领导干部不准向学校打招呼、递条子，或提出违反规定的要求，干扰学校的招生工作。

记者从有关方面了解到，近几年来，上海市中心城区大部分初中招收的预备班学生中，"条子生"占到10%左右。一些区的教育局甚至事先从名牌初中的招生名额中划出一部分，用来应付来自各方的条子。"条子生"和由乱收费滋生的"票子生"，成为群众对招生工作最不满的两大怪现象。

"条子"让校长难做人

市区某初中校长：招生中的"条子生"现象是一个公开的秘密。我们学校在区内小有名气，每年都有10%左右的预备班学生，是领导塞进来的。这些"条子"使我很头疼，不收吧，得罪领导，收了呢，老百姓不满，我们两头难做。有的学生家长质问我们："为什么'条子生'不要钱就能进来，而我们交钱都进不来？"把我驳得哑口无言。

"条子"不该由校长来"顶"

某区教育局局长：说实话，每年收到的"条子"有一箩筐，为了安排"条子生"，跟校长们"讨价还价"，成了我的主要工作。对狠刹"条子生"，我举双手赞成！我建议，让学校公布每年的招生数和学生姓名，接受社会监督；有关部门也要将招生中递"条子"、走后门的行为纳入监察范围。完全靠

---

① 毕书之：《"条子生"太多要考试，令人生厌的游戏》，《工人日报》，2008年8月29日。
② 金柯、庄玉兴：《"条子生"何时了？》，《解放日报》，2003年4月8日。

校长来"顶"掉"条子"是不现实的,还是希望领导干部带头不递条子,不打招呼,从源头上消灭这种不平等现象。

在现实生活中,公共教育权力腐败的类型与形式多种多样,除了案例中呈现的暗箱操作、以权择校外,常见的还有如下几种类型。

其一,混乱收费,侵吞公款。近年来,由于社会不良风气的影响,在教育领域内权力腐败现象也是层出不穷。其中,名目繁多的教育乱收费是其中的害中之害。教育"乱收费"屡禁不止。教育乱收费的名目繁多,贯穿于教育的各个环节、各个阶段,比较突出的如中小学校违反规定将捐资、赞助等费用与招生入学挂钩,违反规定擅自设立收费项目,提高收费标准,扩大收费范围,继续收取国家已明令取消的收费项目;高等学校违反规定向学生收取赞助费、点招费、扩招费、转专业费等费用;地方政府及有关部门违反规定向学校摊派费用,以及通过学校搭车收费,违反规定挤占、挪用、平调、截留学校收费资金等乱收费行为;基层政府违规进行教育集资,强令培训等。教育乱收费的名目众多,如素质教育费、实验班费、军训费、保安费、补课费、台椅费、注册费、考试费、窗帘费、托管费、文娱费、文具费、校牌费、校园卡费、计算机学习费、体育器材管理费、音乐教育实验费、美术材料学具费等等,诸如此类,五花八门,不胜枚举。此外,侵占公款现象在教育行政管理与学校部门也是经常发生,一般包括贪污公款、公款旅游、公款吃喝等形式。

其二,权钱交易,以权索贿。权钱交易也是公共权力腐败的重要形式。近年来,在教育领域内权钱交易、以权索贿案屡查不止,部分地区高等院校甚至成为权钱交易的高发区。在高校内部,基建、后勤、采购、招生等财权、事权集中的环节,是高校领导干部职务犯罪的"重灾区"。有关部门曾总结指出,这类高校经济腐败案呈现几大特点:权钱交易明显,窝案串案突出,腐败分子中党员、高学历、中老年人居多,"明""暗"回扣盛行,作案频繁,涉案金额较高。此外,以权索贿的范围除了钱财之外,甚至还有更出格的要求。如意大利南部著名的巴里大学曾爆出一个惊人丑闻:该校一名高级官员向急于上大学的女考生"出卖"入学考试答案,并以此为要挟向女方提出无理的性要求,进行肮脏的性交易。丑闻震惊意大利,涉案高级官员最终也锒铛入狱。①

其三,考试舞弊,滥发文凭。"分数面前人人平等",考试是当前相对较为公平的一种教育选拔制度。由于考试选拔事关青年学子的未来发展,因而考试选拔也常常成为教育公职人员权力腐败的高发场所与环节。考试舞弊,包括统一高考、成人高考、中考、各类专业资格考试以及学校课程考试的舞弊等。在考试舞弊中,尤以高考舞弊影响最大。某些高校举办预科招收高考落榜生就读一年后通过校内测试即转为正式本科生,这也是一种变相的高考舞弊。在考试舞弊事件中,最典型的是 2000 年发生的高考三大案:湖南省嘉禾县一中考点发生大面积舞弊事件,舞弊学生达 203 人;广东省电白县利用 BP 机进行的高考舞弊案,至少有 33 个考生涉及舞弊;湖南省隆回一中选送保送生舞弊案,14 名保送生中 13 名系作假,其中两人分别是该校正副校长的儿子,另外 11 名均为县及县属单位的干部子弟。在广东电白高考舞弊案中,系教师帮助学生利用 BP 机作弊,将答案传到考生的 BP 机上,有 33 个考生的答案雷同;已查出有 5 名在职教师涉嫌此案,电白水东中学教导处副主任杨汉辉,利用担任监考员的机会答题并用 BP 机传递答案,从中收取"辛苦费"1800 元,借助于杨汉辉等人的"智力成果",考生在高考中不用费脑子就交上了完满的答卷。②

一般说来,文凭是由国家认可的学校或教育行政部门颁发的,但是教育行政部门领导或公务人员却利用手中的权力直接参与公开买卖文凭的违法活动。此外,还存在部分高校滥发"注水文凭",最典型的即是"遍地开花"的高校研究生课程班。高校利用手中所掌握的权力滥发文凭,实际上也是一种权力滥用或变相的权力腐败行为。一些官员不怎么上学,请人代写论文获得学位,已见怪不怪。与成为社会公害的假文凭泛滥相比,这种真文凭中的虚

---

① 《意大学腐败成风名校高官用考试答案换取性要求》,http://learning.sohu.com/11/15/article213741511.shtml。
② 《高考舞弊与教育腐败》,《法制日报》,2000 年 8 月 7 日。

假成分更不易辨识，它直接导致文凭和学历贬值、教育质量和学术水准降低，教风学风溃散，教育的公信度下降，从而不仅损害教育和学术，并且危及社会的健康发展。

我国建成了世界最大规模的教育体系，中央与地方政府通过颁发各级各类教育政策推进教育优先与跨越式发展。在此过程中，出现公共教育权力异化腐败的问题在所难免，有哪些原因导致了教育政策主体的权力腐败呢？我们认为，主要有两个方面：一方面是外部的权力设置缺陷，缺乏有效的监督制约；另一方面是内部的教育政策主体的责任感缺失，道德自律匮乏。

权力过于集中、缺乏有效监督制约是产生公共教育权力腐败的重要原因。对于教育行政部门而言，是科层管理制，层层负责，下级服务上级的管理机制，易形成权力集中于领导，由于缺乏对权力的有效监督制衡，在现实中常表现为领导一言堂、领导的意见就是组织的意见。在上述怀化市鹤城区教育系统违规招生问题中，负责学生信息录入的人员是一个重要"关口"，由于缺乏有效的监督制约，结果该人员一人就能将不符合要求的学生变成符合条件的，违规安排学位变得轻而易举。正所谓，绝对的权力导致绝对的腐败，权力过于集中，再加上有效的监督制衡机制缺失，就使得这些教育行政部门领导肆意妄为，以权谋私，滥用手中的公共教育权力办理违规违法之事，严重破坏了教育领域的公平与公正生态。

教育政策主体的责任感缺失，道德自律匮乏是产生公共教育权力腐败滥用的又一重要原因。正所谓苍蝇不叮无缝的鸡蛋，掌握着公共权力的政策主体如果拥有强大的责任担当与道德自律，即使外界有再大的诱惑也能够抵制。但是，伴随着市场经济大潮的冲击，功利思想肆意泛滥，部分教育政策主体价值观异化，背弃教育与社会公正基本准则，横生贪念，唯利是图，就会不择手段，收钱敛财，以权力满足私欲。

五、政策建议

政府部门及其公务人员接受社会公众的委托，代表民众掌握与行使公共权力。为了确保公务人员能够公正行使该权力，一方面不仅要强化政府官员的公共责任意识，加强道德自觉，另一方面也要强化监督制约，将权力关进制度的笼子。

（一）强化公共责任意识，加强教育政策主体的道德自觉

公共责任就是为了实现公共教育利益和保证公共权力能够公正有效地实施，政府部门及其公务人员在行使公共权力时，对其行为所负有的责任，这种责任也是教育政策主体伦理的核心。

在西方语境中，与责任相对应的词汇有 accountability、responsibility、obligation、liability、answerability 等，与汉语"责任"一词难以一一对应。一般说来，责任有两层基本含义：其一，是分内应做之事；其二，是因未做好分内之事而应承担的不利后果。这一区分注意到了责任的性质不仅有积极的、正向的，还有消极的、负面的。积极的即意味着要做好分内应做的事；而消极责任则意味着当分内之事没有履行或履行不当时就要接受相应的惩罚。

公务员作为国家公共权力具体的实施者，是代表全体社会成员的公共利益与共同意志来行使权力的。因此，当国家赋予公务员以一定的职权，给予公务员一定的职务时，其同时也必须承担一定的责任，即公共责任。在制定与实施公共政策的过程中，政策主体为公益服务所承担的公共责任应该包括三层基本含义：其一，是指政策主体在一定岗位和职务上开展公共管理活动时所应承担的职责（responsibility），这一职责要求其必须对特定公共事务的发生、发展、变化及其结果起着积极的助长义务；其二，是指政策主体在没有积极有效履行自己的职责时应该承担的不利后果或强制性的惩罚，即责任追究（liability）；其三，是指政策主体在政策活动中，能够将外在的职责要求内化，自身能够主动服务公共利益并自觉接受监督、评判的态度与行为（answerability）。[1]

在政府相关政策的制定与实施过程中，为了避免政策主体以权谋私、贪

---

[1] 张康之、李传军主编：《行政伦理学教程》，北京：中国人民大学出版社，2004年版，第267页。

污受贿，政府部门设置了大量的法规纪律等外部责任制度，从而限制政策主体人性恶的一面，但是这种外部限制却忽略了政策主体人性善的一面。这也就是说，外部规则的责任只是一种被动的责任；只有当这种外部的被动责任被政策主体理解、升华，内化为自身的责任感与义务感时，这种外部责任制度的效果才能得到真正发挥。

在社会分工体系中，政策主体掌握着公共权力，但同时其也必须承担相应的公共责任。教育政策主体在行使公共教育权力制定与执行教育政策的过程中所遵守的伦理理念、行为与规范等都必须围绕着公共责任形成与展开。在此意义上，可以说公共责任就是教育政策主体伦理的核心。在现代社会，公共责任是一个由行政、权力与道德三者相互耦合而组成的复杂系统。这也就是说，在教育政策活动中，政策主体的公共责任体系包括行政责任、政治责任和道德责任等三项基本内容。

1. 强化行政责任

政府各级行政部门一旦建立，政策主体经法定程序进入政府组织当中，确立相应的行政职务关系，就必须承担相应的职务责任。美国行政学者特里·L. 库珀将行政责任分为客观责任和主观责任。客观责任是"由两种或两种以上的权力来源诸如法律、组织上级、民选官员和公众等从外部强加给我们的"[①]；其"源于法律、组织机构、社会对行政人员的角色期待"[②]。换言之，客观责任是指基于政府部门公务人员的特定角色地位所承担的责任，是一种基于角色的责任，它是由社会结构功能与组织结构功能所规定的。

依据库珀的分析，强化教育政策主体的客观责任主要包括两个方面：对上级组织负责，认真贯彻上级的指示或相互之间业已达成一致的目标任务；对民众负责，洞察、理解和权衡他们的喜好、要求和其他利益，积极通过教育改革与政策调整对民众的教育需求做出回应。

---

① [美]特里·L. 库珀著，张秀琴译：《行政伦理学实现行政责任的途径》，北京：中国人民大学出版社，2001年版，第87页。

② [美]特里·L. 库珀著，张秀琴译：《行政伦理学实现行政责任的途径》，北京：中国人民大学出版社，2001年版，第63页。

如果说客观责任是一种基于角色的责任，那么主观责任就是一种基于义务的责任。主观责任植根于我们自己对忠诚、良知、认同的信仰。而我们关于对某人负责和为某事负责的情感和信仰是在社会化过程中产生的。它们是价值观、态度和信念的表现，而这些价值观、态度和信念是我们从家庭、公立学校、宗教派别、朋友、职业训练和组织活动中获得的。① 主观责任是出于良知信念而对于自己职责角色责任所形成的一种责任意识。换言之，当政策主体处于某一特定角色时，他或她不是按照上级或法律等外部职责或角色要求等方式行为，而是由于良知、信仰、价值观和道义等一些不易被觉察特征的内部力量驱使他们以特定的方式行为，这就是主观责任。信念、态度与价值观是影响个体主观责任的三个重要因素。因此，进一步强化教育政策主体的主观责任，就是要不断强化他们的服务民众、服务教育、服务学生发展的信念、态度与价值观。

2. 强化政治责任

政治责任是指政府部门及公务人员的行为必须符合公众的利益与福利，其决策必须符合人民的利益与权利。一般说来，如果政府决策失误或行政行为有损于国家与人民利益，虽则不一定违法甚至有时是依其自订之不合理的法规、规章办事的，不受法律追究，却要承担政治责任。② 如对于那些修建豪华办公大楼却不去修桥或建校的地方政府而言，虽然其决策行为没有违反相关法律，但刻意修建豪华大楼的决策行为却违背了当地人民的利益与意愿，因而也要承担相应的政治责任。

一般来说，政治责任包括两方面的基本内容：其一，是指政府机关及其工作人员的所作所为，必须以为人民服务为宗旨，以社会公众的共同利益为旨归，换言之，即制定与实施的政策与法规、规章、行政命令、决定或措施等必须合乎民众的共同意志和公共利益。其二，政府部门的首长要负责政府制定的决策得到有效的贯彻执行。政府部门的首长并不一定要直接参与每一

---

① ［美］特里·L. 库珀著，张秀琴译：《行政伦理学实现行政责任的途径》，北京：中国人民大学出版社，2001年版，第74页。

② 郭道晖著：《法的时代精神》，长沙：湖南出版社，1997年版，第468页。

项政策的执行，也不一定能够全部知晓其下属成员的具体行为，但是他或她有责任通过有效的措施推动其下属按照既定的目标行事，以确保决策得到很好的贯彻落实。如果政府部门的首长对其所管辖的部门用人不当、管理不力、工作失察，或在发现问题后又没有采取补救措施，从而造成重大损失，那就是失职，也要承担政治责任，这是行政首长对其职务行为所负有的连带政治责任。①

在教育政策实践活动中，政策主体在行使公共教育权力时所承担的政治责任常常会同其承担的行政责任发生冲突。如，是对上级行政机关负责还是对人民群众的利益负责经常会使政府公务人员陷入"道德困境"之中。在此情况下，一方面要求教育政策主体要不断提高觉悟，以人民群众的利益为重，让其所承担的行政责任服从于政治责任；另一方面也要求政府机构要进一步提升教育决策的科学化与民主化水平，以使教育政策方案能够真正地反映人民利益。

3. 强化道德责任

道德责任是指政府机构以及政府公务人员在其日常工作与生活中必须遵守符合社会所要求的道德标准与规范。如果说，行政责任与政治责任都是一种强制性的消极责任，是被动责任，那么，道德责任则属于积极责任，它可以使公务人员在充分履行自身职责的过程中，享受自我价值实现带来的荣誉感与幸福感，也可以使其在没有较好履行责任的时候，受到道德良知的谴责。

在行政学者哈特（Hart）看来，政府公务人员必须坚持以下道德责任原则：（1）重视道德（moral significance），即必须站在道德立场，坚守立国精神与公众所托付的责任，如果政策违背立国精神或公众利益，可拒绝执行，并诉诸大众，且请求改进。（2）关爱公民（caring），即应尽量克服困难，真心关爱所服务的公民，并与公民之间建立信任关系。事实上，关爱是建立公平社会的要素之一，政府是否能够真正服务和照料公民权益，其成败关键在于官员是否真心关爱公民。（3）道德企业主义（moral entrepreneurism），即

---

① 蔡放波：《论政府责任体系的构建》，《中国行政管理》，2004 年第 4 期。

应建立官民之间的信任关系，承受公民爽约的道德风险（moral risk），就像企业家承担财务风险一样。（4）权责并重（noblesse oblige），即享有权利者应尽义务乃是最起码的高尚道德作风（moral nobility），行政官员应发自内心启动公共服务的召唤、信守立国精神，并成为无私奉献的道德楷模。①

与此相应，美国公共行政学会于1985年也发布了十二条伦理法则，规定公务人员应当承担道德责任内容，分别为：（1）公务员执行公务，应表现出最高标准的清廉、真诚、正直、刚毅等特质，激发民众对政府的信任。（2）公务员个人不能运用不当的方式，去执行职务而获得利益。（3）公务员不应有抵触职务行为的利益或实际行为。（4）公务员要支持、执行、提升功绩用人及弱势优先（affirmative action）计划，确保社会各阶层适合人士，均能获得服务公职的平等任用及升迁机会。（5）公务员要消除所有歧视、欺诈、公款管理不善行为，并负责对主管此事的同仁，在困难时予以肯定支持。（6）公务员要以尊敬、关怀、谦恭、回应的态度，为民服务，公共服务要高于为自己服务。（7）公务员要努力充实个人的专业卓越，并鼓励各类公务员的专业发展和服务公职的意愿。（8）公务员要用积极的态度，及建设性的具有开放、创造、奉献、怜悯等精神，去推动行政组织及其运作的职责。（9）公务员要自尊并保守公务机密。（10）公务员在法律授权内进行行政裁量，增进公共利益。（11）公务员要有随时处理新问题，以专业能力、公正无私、效率及效能去管理公共企业。（12）公务员要支持、研究有关行政机关、公务员、服务对象、全国民众四者相互之间关系的联邦和各州的宪法和法律。②

一般说来，教育政策主体作为政府的公务人员，强化其道德责任包括两个方面：一是强化其作为一名普通的社会成员所应承担的社会道德义务，并因其自身政府公务员的身份而力争成为其他社会成员的道德榜样或楷模；二

---

① D. K. Hart. The Virtuous Citizen, The Honorable Bureauerat and Public Administration. Public Adminitration Review. Vol. 44, Special Issue, 1984，转引自张成福：《责任政府论》，《中国人民大学学报》，2000年第2期。

② 张成福、党秀云著：《公共管理学》，北京：中国人民大学出版社，2001年版，第346—347页。

是在开展教育政策活动执行公务时,强化其作为政府公务人员必须具备的服务人民、廉洁、正直、诚实、公正等道德品质。

在教育政策活动中,政策主体在行使公共教育权力时,行政责任约束其不能越权而为,也不能有权不为;政治责任约束其要做到权为民所用,情为民所系,利为民所谋;道德责任则约束着主体的良心自觉,主动地服务人民。对于政策主体而言,上述三种责任相互统一、缺一不可。唯有将三者结合起来,才能保证政策主体在行使公共教育权力时,既有外在的行政、政治责任要求,同时也有内在的良心责任约束或制约其对个人私益的攫取,以更好地为社会公共利益服务。

(二)强化外部监督,制约公共教育权力

在个人利益和公共利益存在着差异的社会里,在权力的所有者和权力的行使者处于相对分离的状态下,权力的滥用与腐败就存在着可能空间。权力一旦失去制约,就会被滥用,背离人民的共同意志和公共利益,就会与政府部门及其公务人员的公共责任相违背。在教育政策领域中,必须加强外部监督,对公共教育权力进行制约。

1. 以权力制约权力

一般来说,以权力制约权力是指通过公共权力的不同主体之间相互制约,从而防止某一权力被某个政府部门或个人所垄断或滥用。

权力制约权力的思想源远流长,最早甚至可以追溯到古希腊的亚里士多德。在《政治学》一书中,亚里士多德指出,一切政体都有三个要素,作为构成的基础,一个优良的立法家在创制时必须考虑到每一要素,怎样才能适合于其所构成的政体。……三者之一为有关城邦一般公务的议事机能(部分);其二为行政机能部分——行政机能有哪些职司,所主管的是哪些事,以及他们怎样选任,这些问题都须一一论及;其三为审判(司法)机能。[①] 亚里士多德最先提出国家政体的职能应分为议事职能、行政职能和审判职能。17、

---

① [古希腊]亚里士多德著,吴寿彭译:《政治学》,北京:商务印书馆,1965年版,第215页。

18世纪，以权力制约权力的思想作为资产阶级革命的理论武器，被洛克（John Locke）、孟德斯鸠等人发展为"三权分立"和权力制衡的理论。洛克指出，国家权力可以分为立法权、执法权和对外权。他坚决主张立法权和执法权的分立，认为如果一批人同时拥有立法权和执法权，他们就会滥用权力，使他们自身免于他们所制定的法律制裁，并在立法和执法时使法律服从于他们的私利，从而违背政府的宗旨。而孟德斯鸠则在《论法的精神》一书提出了著名的"三权分立"学说，即在任何政府中都存在三种权力：立法权、行政权和司法权。孟德斯鸠还认为，三权不仅要分立，而且更重要就是通过分权，从而以权力制约权力。因为"从事物的性质来说，要防止滥用权力，就必须以权力约束权力"。① 孟氏的三权分立与制约思想后来在美国的政治体制中得以实现，并成为西方各国纷纷效仿的典型模式。

以权力制约权力的思想在现代民主国家受到普遍的信奉与遵循。在政治实践中，公共权力的分立与制衡主要表现在两个方面：其一是政府内部的权力制衡，其主要通过政府权力的分立与制约来实现；其二是政府与公共社会的制衡，其主要通过民主政治制度得以实现。② 对于前者而言，在教育领域内，政府内部的权力制衡主要包括三个方面：纵向制约——上下级公共教育权力部门的制约；横向制约——同级公共教育权力部门之间的制约；内部制约——公共教育权力部门内部之间的制约。这也就意味着要将任何一个政府部门或政府公务人员手中所掌握与使用的公共权力始终处于控制与约束的范围，以防止其异化或滥用。而对于后者而言，选举制与代议制是社会公众对政府权力制衡的典型政治制度安排，其本质在于实现治者与被治者的制衡，这就意味着政府部门应受民意支配，对人民负责；否则人民就可以通过选举的方式更换政府部门及其公务人员。

2. 以社会制约权力

---

① ［法］孟德斯鸠著，张雁深译：《论法的精神》，北京：商务印书馆，1961年版，第154页。
② 万俊人主编：《现代公共管理伦理导论》，北京：人民出版社，2005年版，第294页。

以社会①制约权力，是指通过合法地组织和动员多元化的民间力量，对国家与政府形成强大的压力从而制约公共权力，实现权力为民。作为政治力量的权力与作为非政治力量的社会，并非是互相分离的，二者之间存在着密切的内在联系。公共权力来源于社会管理与发展的需要，国家公共权力要服从于、服务于全社会的公共利益。因此，从公共权力的来源来看，国家公共权力的运作不能仅仅代表某一个阶级、阶层或集团的利益，而必须体现出公正性、公益性或公共性。也就是说，在处理社会公共事务的过程中，国家权力要以维护社会整体利益作为起点与目标。但是，公共权力一旦形成便又凌驾于公共社会之上，因此，为了防止公共权力的滥用与异化，必须动员社会力量实现对公共权力的制约。社会制约国家权力的主体可以是个人也可以是各种利益团体或组织。但是，一般而言，无组织的个人利益的表达一般很难得到国家的重视；而唯有个体构成团体或组织才可能更好地表达利益诉求。正如达尔所言："独立的社会组织在一个民主制中是非常值得需要的东西……也是为民主过程本身运作所必需的，其功能在于使政府的强制最小化、保障组织自由、改善人的生活。"②

　　社会制约权力的思想也可以追溯至法国政治思想家孟德斯鸠。他所理解的社会制约权力，就是利用一个存在贵族阶层的社会来制衡权力以维护自由。19世纪法国思想家托克维尔（Charles Alexis de Tocqueville）最早明确提出了社会制约权力的思想。他认为，社会制约权力，就是利用"独立的报纸、作为一种独立职业的律师、政治社团以及参与公民生活的其他团体，不仅包括'商业公司和制造公司，也包括成千上万的其他种类的社团——不管是宗教的还是道德的、严肃的还是轻浮的、涉及面广泛的还是有限的、大型的还

---

① 需要指出的是，不同的学者对于"社会"这一概念有着不同的理解。一般来说，对于社会的理解可以归纳为两种观点：其一，是立足于国家与社会相分离的视角来定义，认为社会即是与政治国家相互对应的特殊领域，即所谓的"市民社会"或"公民社会"等。其二，是没有区分国家与社会的区别，认为社会包括了政治、经济、文化等所有领域在内。在此，主要指第一种含义。

② ［美］罗伯特·A. 达尔著，顾昕、朱丹译：《民主理论的前言》，北京：生活·读书·新知三联书店，1999年版，第227页。

是小型的'"① 等多种社会力量形成对国家权力运行的监督。在美国政治学者达尔看来，社会制约权力的核心思想，在于发挥独立的社会组织的作用，让这些独立的社会组织代表人民参与政治来制衡政府权力，从而使政府的强制最小化，并保障与改善人的生活。

在教育领域中，实现社会对公共教育权力的制约，主要通过三种基本途径：其一，以国家与社会适度分离为基础，向社会转移部分公共教育权力。政治国家和市民社会的分离是社会制约权力的前提和基础。市场经济的不断发展，私人领域的不断拓展，市民社会的日益成熟，民主意识的进一步普及，并不意味着要扩大国家权力来管理更大的社会，否则就会形成社会对于国家公共权力的过度依赖。如果国家过度干预经济与社会事务，那么，社会就不可能健康地自我发展，同时也就无法有效地制约和监督国家权力的行使。因此，实现国家与社会的适度分离，向社会转移部分公共教育权力的关键，就在于不断转变政府职能，建立有限责任的政府。政府要从不应该管理、管理不了和管理不好的领域撤离出来，通过国家权力来推动社会自治，从而在社会不断发育成熟的过程中，实现社会对自身的自我管理。

其二，培育独立的社会舆论，加强舆论监督。新闻舆论能够传达社会公众的呼声，反映社会的真实利益取向。在现代社会中，新闻舆论就像一股无形的社会力量，渗透在社会生活的各个领域，不仅直接影响着人们的思想和观念，而且可以对公共权力形成有力的约束与制衡。通过新闻舆论对公共权力形成制约是现代国家政治实践的普遍特征。在新闻舆论的监督下，权力主体的所作所为都处于社会公众的视野下，若其不顾公众的共同意志而肆意滥用权力，公然贪污受贿，侵犯公共利益，必然会招致舆论的谴责与抨击。由此形成的社会压力，必然会迫使权力主体在行使公共权力时，要谨慎并负责。因此，加强舆论监督就要求，一方面要加强新闻立法，保证社会新闻舆论的独立性，要敢于公布社会事件的真相，要敢于替普通民众仗义执言，要敢于

---

① Robert A. Dahl. *A Preface to Economic Democracy*, Berkeley and LosAngeles: University of California Press, 1985, p.46.

拨云驱雾直指社会弊端；另一方面还需要拓宽政务公开渠道，推进政府政务相关信息的公开与透明，以使政府行为处于社会舆论与媒体的监督下，并自愿接受其监督。

其三，培育社会组织，完善其政治参与的渠道与机制。"真正意义上的社会领域内的改革，将不可避免地带来社会领域的自治，而社会领域的自治将不可避免地催生一批独立自主的社会组织。"[①] 利益多元化的今天，独立的社会组织在社会发展中具有重要作用，它一方面可以将社会个体的利益诉求通过组织化的方式表达出来，并代表社会个体参与与监督政府决策的制定与执行，另一方面还能够利用其掌握的各种人力、物力等资源保持对政府权力的制约，由此政府的权力得以制衡，人民的权利也得到保障。因此，在当代多元民主社会中，社会组织的数量、分布情况、发展状况等等成为衡量一个国家现代化与民主化程度的重要指标。对于政府部门而言，在培育社会组织的过程中，还要通过立法、制度等多种方式不断完善社会组织参与政治的渠道与机制，以保证社会组织通过合法的方式对政府的公共权力进行监督，予以制约。

3. 以权利制约权力

以权利制约权力，是指公民运用自己的法律权利去制约政府权力，从而防止或阻止政府公共权力的滥用，维护自身的合法权益和社会整体利益。如果说以权力制约权力，采用的是直接的强制力进行相互制约，那么，以权利制约权力，则采用的是间接的强制力。这是因为，立法权、司法权虽然是公民权利让渡的结果，但它们拥有直接的、法定的强制力而构成对行政权力的制约力量。相比之下，当权利受到侵犯时，权利主体只能通过法律途径，请求国家强制力予以保护，即以间接的强制力构成为国家公共权力进行制约。

以权利制约政府权力的实质是使公民成为监督政府的力量。一般说来，以权利制约权力有两种基本形式。

其一，是消极制约。权利与权力分属于两个不同的领域和范畴。前者属

---

① 康晓光著：《权力的转移》，杭州：浙江人民出版社，1998年版，第167页。

于私域范畴，它强调的是公民作为一个社会成员在利益分配中应有的资格与利益；而后者属于公域范畴，它是对国家进行统治和管理的特定社会成员所掌握与支配的强制性力量。因此，以权利制约权力首先意味着对于权利与权力的范围进行划界，意味着要承认公民的权利，意味着国家权力不得随意侵犯公民权利，如财产权、人身自由权等。承认公民权利的存在，承认公民权利边界的存在，即意味着对于政府不能滥用自身权力任意侵犯私人权利，但是这种制约只起一种消极的制约作用。

其二，是积极制约。从公共权力的起源来说，国家与政府是经由社会成员授权产生的，是公民将自己的一部分权利让渡出来，以便让政府执行社会公共管理职能来为自己的利益服务。这也就是说国家与政府的公共权力是产生于公民的社会权利的。因此，一方面，国家公共权力必须为公民个体的权利服务，并将其作为目的和归宿；另一方面，公民也可以通过自身拥有的部分权利直接参与到国家公共权力的运作过程中，以对其进行制约。具体而言，公民权利对公共权力的积极制约主要通过如下方式：一是公民运用手中的选举权利定期选举政府公务人员或执政党派。如果政府公务人员或执政党派不能很好地实现社会管理和服务的职能与使命，公民就可以选举的方式更换政府公务人员或执政党派。二是公民通过自身所拥有的诸多权利，如言论自由、参与权、知情权，举报、检举和控告等权利来对政府部门及其公务人员的公共权力进行制约。公民个体可以单独运用也可以联合方式运用上述权利形成对政府公共权力的约束与制衡。

公民权利制约权力

一般说来，可以发挥积极制约作用的公民权利至少有如下几种：

（1）选举权。公民享有的选举或罢免国家机关代表或某些国家机关领导人的权利。公民可以选举他们认为合格的人作为代表或领导人，以治理公共权力的腐败现象，可以撤换或罢免他们认为应当对滥用权力或不当行为负责的领导人。这种权利对公共权力的行使施加一种直接压力，产生积极的制约作用。

（2）言论自由权。这里的"言论自由"作广义解，涵盖了宪法中的言论自由、出版或新闻自由、集会游行示威的自由等条款，意指公民享有的将所见、所闻、所思形之于外并传播给其他公民的权利，包括揭露有关政府机构或官员滥用权力之行为的权利，以及对它们加以评论和提出改革建议的权利。言论自由权具有舆论监督的功能。

（3）参与权。公民以某种方式参与一些公共决定之形成过程的权利。这种权利主要体现在立法和行政听证、司法陪审等制度中。在参与的过程中，公民的意见或建议影响着公共决定的形成，而且参与本身就意味着政府须在一定程度上公开其决策过程。这不仅有助于抑制权力的腐败，而且有助于形成明智的公共决定。

（4）结社权。公民享有的为进行某种活动组成一定社会团体的权利。单个的个人在面对强大的政府时是软弱无力的。结社权给予他们集体的力量，可以对政府的行动产生一定的制约作用。

（5）知情权。了解政府的某些行动或政府所掌控下的某些信息的权利。当公民行使这项权利时，政府负有一定的协助义务，例如开放它所掌握的某些资料。如果政府机构或官员担心他们的滥用权力情况最终被迫向公众公开，他们就会有所收敛。但是在现实中，这种权利不易落实，难以操作。

（6）对政府机构或官员的滥用权力等不当行为进行举报、检举和控告的权利，以及在遭受来自公权力的侵害时获得救济的权利，例如申诉的权利、申请行政复议和提起行政诉讼的权利等。

此外，还有一些权利停留在理论或道德的层面，没有成为法定的权利，例如非暴力反抗或良性违法（civil disobedience）的权利、抵抗权等。

——侯建：《三种权力制约机制及其比较》，载《复旦学报（社会科学版）》，2001年第3期。

4. 以道德制约权力

道德是人类特有的，以善恶为评价标准，依靠传统习惯、社会舆论和人们的内心信念而维系的社会行为规范的总称。道德和法律一样，可以通过人们的内心自觉、良知意识、心理控制以及外界的道德氛围，达到约束个体行为的目的。因此，以道德制约权力，是指以道德修养的方式，提高政府公务人员的道德水平，帮助他们树立"正确"的权力观，使他们能够以内心的道德力量抵制外在的不良诱惑，自觉行使好手中的权力，从而更好地为社会公众的公共利益服务。

以道德制约权力，无论中西方都有着悠久的历史。如，西方的柏拉图在描述理想国时指出，国家或城邦的善是由生产者的节制、守卫者的勇敢及哲学王的智慧构成的，当这三者和谐相处、各司其职时，就构成了城邦的正义。亚里士多德则认为，统治者需要具备明智、节制、正义、勇毅四种品德，才能更好统治与管理城邦，而培养这些品德的途径就是学习和教育。① 在中国，古代儒家的"德治"思想更是以道德制约权力的范本。孔子曾说过："政者正也。子帅以正孰敢不正？"② "为政以德，譬如北辰，居其所而众星共之。"③ "君子之德风，小人之德草。草上之风，必偃。"④。在我国古代，当权者的道德是赢得民心和民意的重要砝码，对统治的稳固和国家的治乱兴衰有着直接的影响。所以，历代统治者总是要求官吏们"正心""诚意""修身"，以实现"齐家""治国"与"平天下"。

与其他公共政策活动一样，在教育政策活动中，政策主体手中掌握着重要的公共权力，肩负着公众的期待与希望，如果他们不讲道德，不重视自身的修养，那绝不仅仅是其个人的堕落，而将是一个国家与民族的灾难。因此，对掌握公共权力的政府官员来说，必须重视如下道德品质的培养与伦理原则的坚守。

其一，克己奉公。克己奉公是指公务人员要克制自身的私欲，约束自身的行为，以服务公共利益。公务员在教育政策活动中，会涉及复杂的公私利

---

① ［古希腊］亚里士多德著，吴寿彭译：《政治学》，北京：商务印书馆，1965年版，第214页。
② 《论语·颜渊》。
③ 《论语·为政》。
④ 《论语·颜渊》。

益关系。当政府公务员的个人利益与公共利益、国家利益发生冲突时，就需要公务员有克己奉公的良好美德，即要求公务员克服自己的私欲，以一种大公无私的精神来维护公共利益。

其二，公正节制。公正是指政府公务员在行使公共权力的过程中，要办事公道，不徇私情，平等对待不同身份、性别、民族和不同信仰的权力相对人。而节制则指公务人员要能对自己的欲望进行理性的约束与限制。

其三，诚实守信。诚实守信，即诚信。取信于民贵在诚，只有讲究诚信的政府与公务人员才能获得群众的信赖。诚实守信，即意味着政府公务人员在公共权力的运作过程中，要真诚、实在，不欺骗他人，讲究信用。政府公务人员只有做到诚实守信，才能实现政府取信于民的效果，才能获得群众的认可，才能建立起正常的公共管理秩序。

其四，廉洁勤政。廉洁作为一种行政道德规范，就是要求行政人员要洁身自好、不贪污受贿、不损公肥私；而勤政则指政府公务员在复杂的社会管理中，要勤于政务，不懈怠，不渎职。唯有如此才能更好地解决群众关心的问题，才能真正树立良好的形象。

总之，以权力制约权力、以社会制约权力、以权利制约权力、以道德制约权力四种权力制约模式理念不同，措施各异。在制约公共教育权力的过程中，单独运用任何一种机制都无法全面制约公共权力，唯有将四种机制联合起来，配合使用，里外结合，才能真正对政府公务人员所掌握与行使的公共教育权力起到制约与限制作用，从而保证公共权力真正为社会民众的公共教育利益服务。

六、拓展案例

（一）高考自主招生腐败

高考素有"国考"之称，事关千万学生的命运、亿万家庭的幸福，备受瞩目。自恢复高考制度以来，我国高校考试招生制度不断改进完善，为学生成长、国家选才、社会公平作出了历史性贡献。近年来，高校考试招生制度改革不断深化，自主招生是其中一项重要的改革举措。

警惕自主招生异化为"点招"贪腐通道①

近日，中国人民大学招生就业处原处长蔡荣生因涉嫌违法违纪接受调查。新华社记者调查发现，高招腐败案件近年来呈多发趋势，自主招生、补录及调换专业三个环节已成招生腐败的"重灾区"。有业内人士指出，有的自主招生异变成权力和金钱交易的"点招"，"点招"费用随行就市，今年一个名额已经涨到100万元。（11月28日《新京报》）

高校"点招"与自主招生原本是两种不同的招生制度和渠道，在舆论对"点招"制度人人喊打、教育部严格限制"点招"名额的背景下，一些高校却暗度陈仓，将自主招生异化为"点招"通道，这怎能不让人痛心疾首！自主招生本是一项好制度，也是国外高校通行的招生制度，但却在我国一些高校严重变味、走形。如此"一放就乱"，高考改革又该何去何从？

自主招生制度本应是特长生的"绿色通道"，但在"蔡荣生们"的暗箱操作下，变成了权势者子女上名牌大学的捷径，变成了权力寻租的工具，变成了钱权交易的"腐败通道"。绝对的权力导致绝对的腐败，不受约束的招生权力必会滑向罪恶的渊薮。自主招生制度让高校有权对一些考生降分录取，再加上保送、点招、加分、补录、调换专业等，高校在招生过程中可人为操作的空间很大，如果没有相应的权力制约和制度防范，就难免有人对招生名额上下其手，直至将其变成商品。实际上，两年多以前，中国人民大学教授张可云就在网上撰文断言该校的自主招生"肯定会出问题"；早在2010年，网上就出现了大量举报蔡荣生的材料，指其利用自主招生收受贿赂。只可惜，人大校方对此充耳不闻，如此漫不经心、麻痹大意，出问题是必然的。

问题：

1. 结合案例，谈谈高校自主招生腐败会带来哪些消极影响。哪些人应该

---

① 晏扬：《警惕自主招生异化为"点招"贪腐通道》，《上海法治报》，2013年12月10日，第B06版。

对高校自主招生腐败负责呢？

2. 高校自主招生被普遍认为是高考改革的正确方向，但前提显然是坚决堵住其中的腐败漏洞，而堵住自主招生腐败漏洞的关键是约束招生权力。请思考，有哪些有效途径与方式可以约束高校招生权力腐败？

（二）高校中的教育腐败

高校本应是"一方净土"，承担着科学研究、教书育人、社会服务、文化传承的重要职责。但是，在市场经济大潮冲击下，个别高校领导滥用职权，谋取私利，严重违纪违法，使高校沦为腐败的"重灾区"，委实令人痛心。

"一方净土"何以沦为贪腐"重灾区"①

高校，本应是"一方净土"，然而，海南省琼台师范学院这所秉持"宣德育人，衍道敦行"校训的百年老校，却因多名校领导严重违纪违法，沦为腐败的"重灾区"，委实令人痛心。

琼台师范学院原党委副书记、校长程立生，原党委副书记、纪委书记陈福川以及已退休的原党委书记李向国等3人，本应是学校改革发展的领军人，全校师生教育的引路人，却在权力和金钱面前迷失方向，陷入违法犯罪的深渊。2017年12月，因违反中央八项规定精神、滥用职权造成国家经济损失、利用职务上的便利为他人谋利并收受财物等，程立生、陈福川被开除党籍和公职，李向国被开除党籍、取消退休待遇。3人均被移送司法机关依法处理。

管党治党责任缺失，学校前进航向偏离

2016年8月至10月，海南省委巡视组对琼台师范学院进行巡视。巡视发现，该校党委缺乏对党建工作的引领作用和带头模范作用；党委主体责任落实不力，民主集中制原则落实不好，存在"家长制现象"，不重视发挥学院纪委的作用，监督执纪弱化等问题。

---

① 改编自姚嘉、陈静：《"一方净土"何以沦为贪腐"重灾区"——海南省琼台师范学院腐败窝案剖析》，https://www.ccdi.gov.cn/jdbg/chyjs/201812/t20181217_185229.html。

据统计，近5年来，该校党委会议议题涉及党建工作的仅26项，占全部议题的8%，其中2012年以来党委没有专题研究过班子自身建设问题。

作为当时校领导班子的班长，李向国说，当上一把手后，听到的都是奉承话，听不到或很难听到不同的意见和批评了，在学校成为了一名不受别人监督或者别人很难监督的人，自己说什么、做什么，别人都会认可，自然而然放松了对自己的要求，做出违纪违法的事已是必然。

2015年9月，李向国退休，学校党委书记一职空缺，党委副书记、校长程立生理应扛起管党治党职责，然而他却认为自己不是党委书记，从未将党建工作真正摆上议事日程。陈福川从分管后勤的副校长转任纪委书记，非但不遵守纪律、维护纪律，反而拜金主义严重，有机会就想捞一把，更别提履行监督职责了。

就这样，在党的领导严重弱化的情况下，校领导班子成员政治观念淡薄，责任心不强，遇到问题心里都盘算着自己的小九九，甚至搞不团结，队伍涣散、各行其是，政治生态遭到严重破坏。

学校教职工反映，由于领导班子不讲政治，不敢担当，不作为，没有人与消极腐败现象作斗争，学校里拉帮结派、跑关系、谋私利的现象较为严重。

纪律意识淡薄，对各项规定置若罔闻

巡视发现，琼台师范学院违反中央八项规定精神发放津贴补贴问题突出。

琼台师范学院自2011年1月起实行绩效工资，按规定自行发放的津贴补贴应一律取消，但该校依旧多次违规发放津贴补贴，党的十八大后仍不收敛、不收手。2013年春节，该校还使用创收结余资金向全校教职工及退休人员发放春节慰问金共136.38万元。

为了通过省会计核算站的审核，该校制定各种发放津贴补贴的名目达243个，如青年教师基本功考核补助、技能竞赛活动工作人员补贴、艺体美等专业测试改卷补助、新生开学报名补助、增加工作量津贴等。甚至，在一些培训活动中，校领导们未进行授课，也以授课名义领取劳务费。

不仅如此，学校还违规设立小金库，使用小金库资金发放补贴，支付接待费用和其他开支等共计55.35万元。

据统计，2011年1月至2015年，该校共违规发放津贴补贴447.6万元，其中党的十八大后违规发放津贴补贴207.12万元，程立生、李向国和陈福川分别领取32.9万元、15.96万元、10.95万元。

当问及学校为何敢顶风违纪、滥发补贴，原党委书记李向国表示，自己不懂相关规定，开会时大家说这笔钱可以发，于是就发了。

程立生则说，对于出台的规定，不愿意花时间去好好学习，也没有认真对待、严格执行，总认为上级相关管理部门不会检查那么严格。

"审查调查中发现，校领导法纪观念淡薄，经常以一知半解、自以为是的心态办事，把政策规定当成摆设，有令不行、有禁不止成为常态，甚至在组织找其谈话时，依然没有意识到错误，对违纪行为进行狡辩。校领导班子在一些重大问题上不能坚持原则，执行制度不力，上行下效，带着众多干部一起'下水涉险'，审查组从一个问题入手，便连根挖出一串。"海南省纪委监委审查调查人员说。

思想防线崩塌，在金钱的诱惑下突破底线

近年来，琼台师范学院发展迅速，2016年升格为本科院校，办学规模日益扩大，工程建设增多，众多项目和资金涌入，成为了建筑老板、开发商眼中的"香饽饽"。

2008年，李向国初到琼台师范学院任党委书记时，就有一名做基建工程项目的老乡找到他，想通过关系在学校承揽工程，被他拒绝了。可是随着时间的推移，在老板们一次又一次的拉拢诱惑下，李向国的思想开始蜕变，从开始接受香烟、接受吃请，到接受金钱，慢慢地变得适应和习惯起来。

如李向国一样，程立生、陈福川从吃吃喝喝开始，同老板们"傍"在一起，在推杯换盏中逐渐放松了警惕、丧失了原则、突破了底线。

"起初，对于老板们请吃请喝，我觉得这只是一种人际交往，也不在意。后来他们拿来酒、茶叶等，自己也觉得是小节，不是大问题，再后来，理想信念发生了动摇，慢慢形成'当官不挣点外快太不值'的观念。"程立生说。

陈福川则表示自己分管后勤工作期间，与工程队的老板们接触多了，总认为他们素质低，没多大本事，都是靠自己的帮助拿到工程，看着他们吃得好、住得好、开好车，心里很是不平衡，所以在他们送钱来时，就毫不犹豫地收下了。当陈福川得知自己即将不分管后勤工作后，担心以后捞不到好处，竟向承揽项目的老板开口，一次性"借"50万元，老板明知有去无回，也只能如数奉送。

在众多老板中，吴某算是与校领导来往较为密切的。当得知琼台师范学院府城校区临街铺面将采取同开发商合作的方式进行改造和出租时，吴某就想方设法通过关系找到了李向国、程立生、陈福川，希望承接项目，并许诺重金酬谢。随后，陈福川主持召开招标会，在3名校领导的默许下，吴某通过串标手段中标。

在未对项目进行论证和评估的情况下，学校便匆匆与吴某签订了铺面改造协议，并同意改造完成后，铺面租金按比例同吴某分成。经相关部门测算，近5年同吴某对铺面租金不合理的分成，共造成国家经济损失2000余万元。

吴某赚得钵满盆满，自然也不忘向李向国、程立生、陈福川送上大礼。在李向国等校领导们的帮助下，吴某又相继承接了学校多个项目。经查，吴某分11次分别送给李向国、程立生贿赂款各79万元。

审查发现，在学校各类工程项目建设中，大部分项目都由8名建筑商承揽，而他们都会不同程度地向校领导及部门负责人送上好处。

就这样，老板们通过校领导承接项目获取利益，而李向国、程立生、陈福川等人竟也心安理得地收取"回报"，陷入违纪违法的泥潭不能自拔。

问题：

1. 案例中的海南省琼台师范学院存在哪些贪腐问题？有哪些原因导致该校贪腐问题高发？

2. 从制约权力的角度，可以从哪些途径、采取什么方式加强对高校领导权力的监督与制约，以预防与规避其可能发生的权力腐败问题？

后 记

终于完成了书稿。之所以用"终于",是因为这份书稿拖得有点久了。大概是五年前,程亮兄策划组织一套教育伦理学丛书,邀请有关领域专家撰稿。我有幸忝列其中,承担《教育政策伦理:案例与分析》一书的写作。因为博士论文就探讨了教育政策伦理问题,我毫不犹豫地就接下了这个任务。

对任务难度估计不足,使得这项工作的推进显得不是特别顺畅。接到任务不久,我便邀请研究生搜集相关资料,经过几轮讨论,确定了大致提纲框架,接下来就各自分工撰写初稿。但是,进入到具体写作过程之后,才发现把那些平淡无奇的伦理理论应用到政策案例时并不容易,需要化抽象理论为具体原则或规则,才能切入案例分析。如以"以人为本"为例,大家耳熟能详,教育的所有工作都离不开"以人为本",似乎很容易用"以人为本"分析教育问题,但是实际撰写中研究生却反映无从下手或者写不了几句就无话可说了。多个专题都面临着类似问题,全书撰写工作不得不停下来反思这个问题。现在想来主要还是理论知识储备不足,没有真正把握诸如"教育公平""以人为本""程序公正"等伦理原则的丰富内涵及具体化之后的逻辑层次。后来研究生陆续毕业工作了,相关专题撰写工作就处于了漫长的停滞状态。在此还是要感谢程亮兄的宽容耐心,虽心系书稿进展,也一直没有催促,留给我足够的时间去思考和消化这些问题。

进入到 2022 年暑期,书稿渐成心事,自觉再无拖延理由,只能不断克服情绪上的惰性,迫使自己重返书桌敲击文字,假期顺利完成两章内容。新学期开始后本想乘胜追击,但疫情反复、教学任务线上线下调整、职务变更、感染新冠等等，意外之事使得撰写工作时断时续拖拖拉拉，直至寒假到来，才有更多时间伏案边写边改，终于在假期将余下的五章全部完成。望着眼前的书稿，虽不厚重，但就教育政策伦理研究而言，也算完成了自己的一个心愿。这个心愿在撰写博士论文期间就逐步萌发，希望自己不仅进行教育政策伦理的理论思考，还能开展相关案例分析。2010年，我以博士论文为基础，经过认真修改出版了《教育政策伦理》一书（上海教育出版社，2010）；2013年，我与李云星博士合作翻译了美国学者肯尼思·A.斯特赖克（Kenneth A. Strike）主编的英文著作《伦理学与教育政策》（*Ethics and Education Policy*）（北京大学出版社，2013）。现在完成《教育政策伦理：案例与分析》书稿，算是完成了自己在教育政策伦理研究领域三部曲，也算了却了十余年来的心愿，实属不易。

在我看来，教育政策作为政府部门解决公共教育问题的重要手段，必须具备相应的伦理精神和道德关怀，这不仅是政府行为合道德性的需要，更是教育活动本身的内在伦理要求。伴随着社会经济的快速发展，社会民众的教育日趋复杂多元，对于教育政策的研究者与实践工作者来说，都迫切需要重视与加强教育政策的伦理分析，以不断提升教育政策的伦理性。也期望自己能以书稿的完成为新的起点，继续努力再出发。

本书在准备和撰写初期，我的硕士研究生黄攀攀、朱仙美、赵凤、孟林林、陈菲菲参与了不少工作，搜集了大量的教育政策案例资料，曾撰写了第三、四、五章的初稿。我在撰写过程中，使用了不少她们查找的教育政策案例，并对原来的第三、四、五章从结构到观点进行了重新撰写。这里要对她们的参与表示由衷的感谢，她们的前期工作为本书后期撰写奠定了重要基础。此外，还需要交代一下，本书选取的教育政策案例，部分已完成了其使命成为了历史，如代课教师政策。在案例分析与讨论中，我们更多是基于教育政策案例当时的时代背景与存在问题进行分析，并提出可能的建议。

本书的撰写与出版得到多方面的支持和配合。感谢华东师范大学袁振国教授、黄忠敬教授和程亮教授在书稿撰写过程中给予的大力支持与帮助。感谢福建教育出版社的编辑老师，没有你们的宽容、关心、勉励和支持，这本书就不能顺利付梓。

由于水平有限，书中难免存在纰漏与不足，敬请读者批评指正。

刘世清

2023 年 3 月于华东师范大学文科大楼